Aula de leitura com
Monteiro Lobato

SOCORRO ACIOLI

Aula de leitura com Monteiro Lobato
Copyright texto © Socorro Acioli
Revisão Elisa Zanetti e Eugênia Souza
Projeto gráfico Monique Sena e Tadeu Omae
Coordenação editorial Elisa Zanetti

1ª edição – 2012

Dados Internacionais de Catalogação na Publicação (CIP)
(Câmara Brasileira do Livro, SP, Brasil)

Acioli, Socorro
Aula de leitura com Monteiro Lobato / Socorro Acioli. - São Paulo:
Biruta, 2012.

ISBN 978-85-7848-093-6

1. Leitura - Estudo e ensino 2. Literatura infantil 3. Livros e
leitura 4. Lobato, Monteiro, 1882-1948 - Crítica e interpretação 5.
Lobato, Monteiro, 1882-1948. Dom Quixote das crianças - Crítica e
interpretação 6. Personagens e tipos na literatura I. Título.

12-02662   CDD-869.90927

Índices para catálogo sistemático:
1. Personagens leitores: Obra infantil lobatiana: Literatura brasileira:
História e crítica 869.90927

Edição em conformidade com o acordo ortográfico da língua portuguesa.

Todos os direitos desta edição reservados à Editora Biruta Ltda.
Rua Coronel José Euzébio, 95 – Vila Casa 100-5
Higienópolis – Cep 01239-030 São Paulo – SP – Brasil
Tel: (11) 3081-5739 Fax: (11) 3081-5741
E-mail: biruta@editorabiruta.com.br
Site: www.editorabiruta.com.br

A reprodução de qualquer parte desta obra é ilegal e configura uma apropriação
indevida dos direitos intelectuais e patrimoniais do autor.

Para **José Marcos**, *genial como o Visconde, doce como o Quindim; e* **Beatriz,** *meiga como a Narizinho, esperta como a Emília.*

Sumário

PREFÁCIO - *Marisa Lajolo*   7
INTRODUÇÃO   9

1. PERSONAGENS LEITORES   11

2. MONTEIRO LOBATO: UMA VIDA PARA A LEITURA   17

Lendo a natureza no Ribeirão das Almas   19
Juca e os livros   23
Da leitura à escritura   37
Por que escrever? A funcionalidade da leitura   41
Lobato editor: uma outra maneira de formar leitores   47
Escrever para crianças: um projeto que deu certo   51

3. A LEITURA NO SÍTIO DO PICA-PAU AMARELO   67

Um projeto de saber complexo   69
Ler e viver na obra de Lobato   77
   Categoria 1 – Leitura para um exercício crítico   79
   Categoria 2 – Leitura que provoca ação   84
   Categoria 3 – Fantasia e aventura   89
   Categoria 4 – Prática de escrita   91
Práticas de leitura na casa de Dona Benta   92

4. EMÍLIA, LEITORA DE DOM QUIXOTE:
UM CASO DE LEITURA-AÇÃO   101

Conclusão   149
Bibliografia   151

Prefácio

Apresentado inicialmente como dissertação de mestrado à Universidade Federal do Ceará, este *Aula de leitura com Monteiro Lobato* de Socorro Acioli ilustra bem uma das mais atuais e promissoras vertentes dos estudos literários. Ao incluir a leitura entre seus objetos, a Teoria Literária dialoga de forma produtiva e sedutora com outras áreas das ciências humanas particularmente com a História e com a Educação.

É esta última área a grande parceira e, de certa forma, a destinatária privilegiada desta obra, que tem por tema a leitura.

Aula de leitura com Monteiro Lobato acerta ao eleger como porta de entrada para questões de leitura a obra de Monteiro Lobato. Debruça-se particularmente sobre seus livros infantis e mais particularmente ainda sobre a adaptação lobatiana de *Dom Quixote*.

Com efeito, pontilhadas de cenas de leitura, as histórias do sítio constituem – como discute a autora deste belo livro – variado pano de amostra de práticas leitoras. Tais práticas, ao longo das histórias, recobrem amplo arco de modos, pressupostos, projetos e comportamentos inspirados em livros, que sugerem à autora uma original *classificação* de modos de ler. E, embora contextualizados nos anos 40 do século XX – época da escrita da versão definitiva das histórias – as cenas de leituras representadas são bastante atuais.

Apresentando Dona Benta como figuração de uma competente mediadora de leitura, a análise a que Socorro Acioli submete a obra infantil lobatiana permite que seus leitores encontrem no comportamento da avó de Pedrinho e Narizinho, princípios que até hoje parecem caracterizar atitudes recomendáveis a quem tem por objetivo difundir a leitura.

Em certa altura do texto, Socorro Acioli considera que a obra infantil lobatiana faculta a seus leitores a "história da vida privada de uma família de leitores".

Beleza de formulação!

Relativamente a este tópico e da perspectiva da qual Socorro Acioli lê as histórias do Pica-pau Amarelo é possível encontrar na obra do criador de tia Nastácia vários dos temas que – sabe-se hoje – constituem questões fundamentais dos estudos da leitura.

Estão aí incluídas – entre outras – a questão da circulação do livro (os livros vinham de um livreiro da capital), das diferentes formas de recepção de um mesmo livro (a reação de Pedrinho e a de Emília à leitura de *Dom Quixote*), características da leitura do mediador (o respeito de Dona Benta pelos textos), ou a ainda hoje polêmica discussão da *adaptação* dos clássicos.

Entabolando profícuo diálogo com a melhor tradição recente dos estudos literários – Roger Chartier, Regina Zilberman e H.R.Jauss para mencionar apenas três deles – *Aula de leitura com Monteiro Lobato* vai, com certeza, marcar seu leitor com o selo de qualidade que marca o promissor encontro entre bons livros (como este) e seus leitores.

Marisa Lajolo

---

* *Marisa Lajolo* é professora da Universidade Presbiteriana Mackenzie e da Unicamp. O livro que organizou com João Luís Ceccantini *Monteiro Lobato livro a livro: obra infantil* (IMESP/EdUNESP) recebeu o prêmio Jabuti de Livro do Ano de Não Ficção.

Introdução

Este livro é uma versão revisada e editada de minha dissertação de mestrado "De Emília à Dona Quixotinha: uma aula de leitura com Monteiro Lobato", aprovada com louvor no programa de pós-graduação em letras da Universidade Federal do Ceará, em dezembro de 2004, e orientada pela Professora Doutora Odalice de Castro Silva.

Desde a defesa até a publicação deste texto, apresentei os resultados de minha pesquisa em Munique, Lisboa, Campinas, São Paulo, Rio de Janeiro, Marabá, Fortaleza e Recife, em forma de palestras e oficinas. Ao longo dessas experiências senti a necessidade de transformar o texto acadêmico – cujas preocupações são muito específicas do universo da teoria literária – em um livro acessível a toda e qualquer pessoa que trabalhe ou conviva com um leitor em formação. Pais, professores, bibliotecários, editores, escritores, ilustradores, jornalistas e demais mediadores de leitura encontrarão neste trabalho algumas chaves básicas para compreender as lições sobre formação de leitores que Monteiro Lobato deixou registradas em cada linha (e entrelinha) de seus livros.

A classificação da obra lobatiana apresentada aqui atualiza a compreensão do projeto literário do autor e mostra o quanto ele cabe, sim, nas expectativas e desejos das crianças contemporâneas, ávidas por aventuras e imaginação.

Os personagens leitores de Lobato têm muito a nos ensinar sobre como podemos colaborar para que a leitura de textos de qualidade faça parte da vida de crianças e jovens ao nosso redor. O desafio de formar leitores não é pequeno, nem fácil. Poucas coisas na vida, porém, são mais bonitas do que a cena de uma criança lendo com alegria e prazer.

Escrevi este livro porque acredito, a cada minuto da minha vida, que a literatura pode salvar o mundo. Tenho certeza de que Monteiro Lobato assinaria embaixo.

Socorro Acioli

1

PERSONAGENS LEITORES

Era uma vez uma boneca que lia. Andava, falava, comia, brincava... e lia. Lia e sorria feito uma louquinha, quando a história falava de loucos. Mas, depois de ler, depois de sorrir, deixava a leitura calar em seu coração e mudar sua vida de boneca-gente.

Seu nome era Emília, Marquesa de Rabicó, Condessa de Três Estrelinhas, Dona Quixotinha. Os dois primeiros títulos, marquesa e condessa, vieram de sua vontade de ser nobre – uma longa história. O último nome, Dona Quixotinha, surgiu depois que a boneca leu *O engenhoso fidalgo Dom Quixote de la Mancha*, de Miguel de Cervantes.

Era outra vez um espanhol de bom coração chamado Alonso Quijano, que também gostava muito de ler. Passava até 48 horas seguidas lendo em sua biblioteca. Tanto leu, que enlouqueceu. Mudou de vida, de casa e de nome: passou a chamar-se Dom Quixote de la Mancha.

Emília foi criada pelo escritor brasileiro Monteiro Lobato (1882-1948), e Dom Quixote de la Mancha, pelo espanhol Miguel de Cervantes Saavedra (1547-1616). Emília e Quixote são *personagens leitores* ou *leitores representados*, cujo "envolvimento com os livros e textos literários é um estímulo para o leitor real, que ganha, através daquelas experiências, outros caminhos possíveis para a sua própria vivência leitora".[1] Acreditamos que o criador de Emília, Monteiro Lo-

---

1 DEBUS, Eliane. *O leitor, esse conheci*do. *Monteiro Lobato e a formação de leitores.* Tese de Doutorado. Pontifícia Universidade Católica do Rio Grande do Sul, 2001.

bato, sabia da importância dessa vivência leitora inspirada na leitura dos personagens.

Como jornalista, crítico, cronista, romancista e editor, Lobato formou leitores e atuou de forma significativa para o desenvolvimento do mercado editorial brasileiro, aumentando a rede de distribuição e a venda de livros no país; inovando no projeto gráfico dos títulos lançados; criando estratégias eficientes de propaganda e de divulgação; oferecendo oportunidades para novos autores e ilustradores; escrevendo textos claros e atraentes. Com tudo isso, contribuiu para a consolidação do Sistema Literário no Brasil dos anos 20, 30 e 40 do século XX.

Porém, foi como autor de literatura infantil que Lobato desenvolveu, de forma mais aprofundada, seu projeto de formação de leitores, que vai muito além de números e tiragens. Uma das estratégias de Lobato para formar leitores foi exemplificar, com suas personagens, que tipo de leitura ele considerava ideal, para que o leitor aproveitasse o que há de melhor no ato de ler, envolvendo-se com as histórias, imaginando cenários e sonhos, viajando através das narrativas, modificando o percurso da própria vida a partir do texto, tornando-se melhor a cada novo livro. Sonhar e imaginar: nada mais fácil para um público formado por crianças. Nos 23 títulos que compõem a saga do Sítio do Pica-pau Amarelo, a leitura é o fator que impulsiona e inicia as aventuras. Ler, imaginar e viver, para Lobato, são experiências inseparáveis.

Definimos e conceituamos o leitor proposto por Lobato em suas personagens como leitor-agente, praticante do que chamaremos de *leitura-ação*. O *leitor-agente* deixa-se modificar pelo texto lido, realizando uma *leitura-ação*, na medida em que não recebe passivamente o objeto literário e passa a agir a partir da experiência de leitura.

É importante notar que o projeto de formação de *leitores--agentes* de Lobato é concentrado em sua principal personagem leitora: a boneca Emília. Em sua prática de *leitura-ação*, faz perguntas ao livro, da capa à linguagem, dos tradutores ao nome do autor, investigando o que Roger Chartier chamou de *protocolos de leitura*. As respostas que ela recebe são levadas para as suas experiências de vida. A leitura, para Emília, move-se a partir da curiosidade de saber, da coragem de contestar e da vontade de agir e experimentar depois do convívio com o texto. Esta forma participativa de leitura da boneca pode ser notada em diferentes momentos da obra lobatiana. Uma aula sobre a leitura com Monteiro Lobato.

O ponto alto da atuação de Emília como *leitora-agente* é o livro *Dom Quixote das crianças*, escolhido dentre o conjunto dos 23 títulos da obra infantil como objeto central deste estudo.

Nesse trabalho, publicado por Lobato em 1936, Emília lê *O engenhoso fidalgo Dom Quixote de la Mancha*, de Miguel de Cervantes Saavedra. Essa leitura age sobre a boneca a ponto de fazê-la chamar a si própria de Dona Quixotinha, influenciada pelas ideias e exemplos de Quixote.

Se nos propuséssemos a pesquisar *quem lê* e *o que* é lido no Sítio do Pica-pau Amarelo, teríamos uma tarefa fácil a cumprir, um trabalho estatístico. Mas nossa proposta vai mais além. Queremos saber *como* se lê na casa de Dona Benta e, no caso da leitora Emília, como essa leitura *modifica* o seu receptor.

Acreditamos que os textos, quando lidos com competência, passam na verdade por uma reescrita. Falar em reescrever é uma metáfora. Essa reescrita não ocorre no papel, mas sim na mente do leitor. Ela acontece de forma complexa, reunindo as experiências prévias desse leitor, ou seu horizonte de expectativa, segundo Jauss, as suas leituras anteriores e as emoções acarretadas pela experiência estética que o texto lido lhe proporcionou. A forma de ler varia de leitor para leitor, devido a todos esses fatores de identidade.

O que torna difícil a pesquisa da história da leitura e dos leitores é o fato de essa reescrita ser uma experiência íntima, raramente registrada com fidelidade em algum suporte físico – o que seria um presente para os pesquisadores. Lembramos de imediato o caso do moleiro Menocchio, que deixou registrado em seus depoimentos no Tribunal da Inquisição um verdadeiro tratado sobre as suas leituras durante toda a vida, recuperadas por Carlo Ginzburg no livro *O queijo e os vermes*.[2]

No caso de Emília, personagem-leitora, temos como fonte de pesquisa uma história de leitura representada, ficcionalizada, mas que sabemos ter sido construída a partir das experiências de leitura de um autor-leitor competente como foi Monteiro Lobato, que deixou um vasto material epistolar para os pesquisadores interessados em sua história pessoal de leitor.

Sendo assim, já que a leitura competente deve ser uma reescrita, a página impressa é um lugar de encontro entre o autor, as personagens e o leitor; entre as palavras e os seus novos sentidos; entre as vidas antigas e novas dos leitores que passam por ela. No caso de nossa pesquisa, a página impressa do livro *Dom Quixote das crianças* promoverá o encontro entre os autores Lobato e Cervantes, as personagens-leitoras, dentre as quais destacaremos Emília e Quixote, nós, leitores de carne e osso, e as novas significações que todos reunidos escreveremos ou reescreveremos, cada um a seu modo.

A partir de agora, iremos descobrir as regras e práticas do mágico universo de leitura no Sítio do Pica-pau Amarelo, tentando compreender a nossa personagem-leitora, no seu percurso de Emília a Dona Quixotinha. Vamos também refazer os passos de Monteiro Lobato, de criança leitora a adulto formador de leitores.

---

2 GINSBURG, Carlo. *O queijo e os vermes*. São Paulo: Companhia das Letras, 1998.

2

MONTEIRO LOBATO: uma vida para a leitura

Talvez não haja na nossa infância dias que tenhamos vivido tão plenamente como aqueles que pensamos ter deixado passar sem vivê-los, aqueles que passamos na companhia de um livro preferido.

Sobre a leitura,
MARCEL PROUST

Lendo a natureza no Ribeirão das Almas

Nos anos da infância[1] de Monteiro Lobato (1882-1948), o mundo respirava os ares confusos dos últimos sopros do século XIX. O século XX chegava a galope, apressado, urgente, trazendo mudanças.

Durante a infância, o menino Lobato ainda não estava interessado em assuntos complicados. Vivia o tempo – único na vida – em que a imaginação reina soberana. Tempo que passamos o resto dos nossos dias tentando recuperar, muitas vezes buscando os momentos de felicidade nas leituras da infância.

O menino Lobato brincava livre, íntimo dos segredos da natureza. Atendia pelo nome de Juca. Fora batizado como José Renato, mas preferiu mudar para José Bento por causa das iniciais do nome completo de seu pai, José Bento Marcondes Lobato, gravadas em uma bengala que ele desejava

---

[1] Sobre o conceito de infância, para nosso estudo, optamos por considerar como a infância de Monteiro Lobato o período compreendido entre o seu nascimento (1882) e a sua primeira mudança para estudar em São Paulo (1895), aos treze anos de idade. O Estatuto da Criança e Adolescente, (Lei nº 8.069, de 13/07/1989) considera criança a pessoa até os 12 anos de idade incompletos e, adolescente, aquela entre os 12 e 18 anos.
Com nossa escolha, ultrapassaríamos em um ano o limite de idade da infância de acordo com o estatuto, mas optamos por essa delimitação por considerarmos que, nesse período inicial, Lobato teve acesso ao mesmo ambiente de leitura, à mesma quantidade de livros, à mesma biblioteca (a do avô) e aos mesmos modos e práticas de leitura.

possuir. Nos primeiros bilhetes para o pai, escritos à mão, assinou Juca Lobato.[2]

Logo que nasceu (no casarão do avô, José Francisco Monteiro, Visconde de Tremembé), Juca e seus pais foram morar na fazenda da família, em Ribeirão das Almas, nos arredores de Taubaté, estado de São Paulo.

Da varanda da casa grande, Juca avistava todos os dias os terreiros de café, o muro de taipa que cercava a propriedade, a estrada das Sete Voltas. Passando a estrada, chegava-se a um ribeirão, para onde o menino costumava ir com Joaquina, funcionária da fazenda. Da peneira de pesca, surgiam camarões-d'água-doce, guarus, filhotes de lambaris, traíras, baratas-d'água, cobras-d'água e outros bichos molengos e esquisitos. Talvez, na imaginação de Juca, eles estivessem sendo resgatados de um reino misterioso, mágico, que existia sob as águas do Ribeirão das Almas.

Evaristo, seu pajem, contava muitas histórias a respeito da floresta, que avistava da varanda do sítio. Ele dizia que lá havia selvagens seminus, armados de arco e flecha, que comiam seres humanos.[3]

Juca tinha pavor daquela mata. Pavor e curiosidade. Até que a primeira entrada na floresta aconteceu, em companhia do pai. Ouvindo o barulho dos bichos nas copas das árvores, o menino pensou ter visto índios voando.

Lobato brincava com as irmãs mais novas, Ester e Judite, descobrindo com elas os mistérios do universo feminino, com seus anseios e expectativas. A brincadeira preferida dos irmãos era criar bonecos com sabugos de milho, a que eles

---

2 Na biografia preparada por Edgar Cavalheiro, está reproduzido um bilhete de Monteiro Lobato para o seu pai, atestado pelo autor como um dos "mais antigos manuscritos de Lobato". *Papai, Venha logo que eu estou com muita saudade (sic) e traga uma cousa bem bonita. Sare logo e venha bom que eu estimo muito. Juca Lobato.* CAVALHEIRO, Edgar. *Monteiro Lobato: vida e obra.* v.1. São Paulo: Companhia Editora Nacional, 1955. p. 36.

3 Idem, ibidem, p.566.

vestiam e davam vida. Para completar, cavalos e porquinhos feitos com chuchus e palitos faziam as vezes de animais deste mundo imaginado.

Além da casa do Ribeirão das Almas, o pai de Lobato também possuía outra casa no centro da cidade de Taubaté. Por sorte, ficava em frente ao Largo da Estação, onde, de tempos em tempos, armavam-se circos que faziam a alegria de Lobato e suas irmãs. Em dia de circo, o pai anunciava na mesa do jantar: *hoje vamos aos cavalinhos!* Com essas palavras mágicas, as crianças da casa ficavam prontas duas horas antes da saída. Juca usava fatiota preta, boné à marinheiro e bengalinha de junco. A ida ao circo deixava-o maravilhado.[4]

Mas o menino cresceu. Um dos primeiros sinais de mudança ocorreu dos doze para os treze anos, quando Lobato começou a vestir calças compridas, sentindo enorme vergonha. Outro marco que ele considerava importante foi ter descoberto, conversando com um amigo, como nascem as crianças. Mas a verdadeira passagem para o começo de uma vida adulta foi a notícia de que ele iria para São Paulo estudar no Instituto de Ciências e Letras e preparar-se para prestar os exames para o ingresso no curso de Direito. Aos poucos, deixava de ser Juca para ser Monteiro Lobato.

Mesmo deixando a infância em um passado cada vez mais distante, Lobato levou para sempre a simbologia do Ribeirão das Almas, a primeira matéria da poética lobatiana. A palavra alma evoca um poder invisível: fenômeno vital; princípio de vida. A própria etimologia da palavra relaciona-se às emoções e aos sentimentos como princípios vitais. *Animus*, princípio pensante e sede dos desejos e paixões, corresponde ao grego *anemos*, ao sânscrito *aniti,* ambos significando energia de valor intelectual e afetivo.[5] Intelecto e

4   Idem, ibidem, p.21.
5   CHEVALIER, Jean; GHEERBRANT, Alain. *Dicionário de símbolos.* Tradução de Vera da Costa e Silva. Rio de Janeiro: José Olympio Editora, 1989.

afeto, tão presentes na poética lobatiana.

Todos os elementos aqui apresentados como parte de sua infância – o ribeirão, o circo de cavalinhos, a caçada, a mata fechada, os bonecos de sabugos de milho – são facilmente reconhecíveis pelo leitor de obra infantil lobatiana. Nesse caso, afirmar que o menino é pai do homem[6] pode estar correto.

Para o filósofo Gaston Bachelard, "a infância vê o mundo ilustrado, o mundo com suas cores primeiras, suas cores verdadeiras. O grande *outrora* que revivemos ao sonhar nossas lembranças é o mundo da primeira vez. (...) Nos devaneios, revemos o nosso universo ilustrado com suas *cores de infância*." [7] E quando essa criança torna-se um adulto criador, como é o caso de Lobato, "a ventura de sonhar será mais tarde a ventura do poeta".[8] Os devaneios de infância, segundo o filósofo, deslocam-se para a obra de arte, como inspiração e essência.

Entendemos que ler é compreender de determinada forma uma realidade apresentada. Pode ser um texto impresso, uma pintura, uma escultura, um ribeirão, uma mata fechada: não se lê apenas nos livros.

A natureza, seus mistérios, suas formas, suas histórias foram as primeiras lições de leitura da vida de Monteiro Lobato.

Uma das principais diretrizes de nosso trabalho é afirmar e argumentar que Lobato escrevia porque lia e porque queria ensinar a ler. Lobato foi, nessa ordem, leitor, escritor e formador de leitores.

Seguindo os passos acima descritos, faz-se necessário

---

6   "O menino é pai do homem", sentença do poeta inglês Wordsworth, utilizada por Machado de Assis em *Memórias póstumas de Brás Cubas*. Rio de Janeiro: Ediouro, 1980. p. 26.

7   BACHELARD, Gaston. Os devaneios voltados para a infância. In: *A poética do devaneio*. Tradução de Antonio de Pádua Danesi. São Paulo: Martins Fontes, 1998. p. 113.

8   Idem, ibidem, p. 94.

um comentário sobre os registros da importância dos livros na vida de Monteiro Lobato.

Juca e os livros

Estudar a história da leitura, mesmo tratando-se da vida de um único leitor, impõe ao pesquisador um desafio metodológico. Como reconstruir os momentos da leitura vividos por um leitor? Que fontes usar para conhecer os pensamentos do leitor sobre os textos lidos? Como catalogar a leitura de toda uma vida? Como analisar as diferentes práticas de leitura?

Existem métodos, pertencentes ao campo da sociologia da literatura, como entrevistas, formulários, questionários quantitativos e qualitativos. O próprio Lobato registrou sua opinião sobre esses tipos de pesquisa sobre leitura no texto *Os livros fundamentais*:

> O filhote vespertino do "Estado" abriu nas livrarias um inquérito a fim de apurar o que entre nós se lê. Tais inquéritos são por natureza deficientes e velhacos, intervindo para viciá-los não só a maroteira dos negociantes como ainda a simpatia dos promotores. Além disso, não provam de fato o que se lê, senão, e apenas, o que se compra.
>
> Entre comprar livros e lê-los vai alguma diferença. Muita gente adquire os "Ensaios" de Montaigne para enfeitar a estante, mas só lê o fescenino Alfredo Galis. Outros ornamentam a estante com Taine, Spencer, Mommsen, Nietzsche, William James, Maeterlinck, Platão. Entretanto à cabeceira da cama só lhes vereis o velho Dumas ou o moderno Nick-Carter.[9]

9 LOBATO, Monteiro. Os livros fundamentais. In: *A onda verde*. São Paulo:

Nesse artigo, Lobato comenta a dificuldade de pesquisar a prática de leitura de um grupo de pessoas, conhecendo o que realmente é lido e assimilado. Saber quais livros são comprados não é o mesmo que saber o que é lido, da mesma forma que saber que livros o leitor possui não é o mesmo que conhecer o que ele de fato leu.

O historiador francês Roger Chartier aponta entre as principais fontes de pesquisa da história de leitura a "transformação da leitura em escrita" [10], presente nas marginálias (comentários escritos nas páginas dos livros) nas cartas, diários, memórias, que apresentam diferentes formas de discursos sobre a leitura. A transformação de leitura em escrita, realizada pelo livre desejo de escrever depois de ler, sem nenhuma imposição ou pré-determinação de um entrevistador, pode ser uma das fontes mais sinceras para essa busca da história da leitura – mesmo que ainda possa apresentar problemas de validade e controle.

Para pesquisar as leituras de Monteiro Lobato e tentar recuperar alguns momentos da vida desse ilustre leitor, temos duas fontes principais. A primeira fonte é a biografia preparada por Edgard Cavalheiro, *Monteiro Lobato: vida e obra*. Nela os dados são escassos e não apresentam condições de um levantamento mais aprofundado. O que podemos descobrir, a partir dessa biografia, são algumas informações sobre sua alfabetização, primeiras leituras, o acesso aos primeiros livros – quem comprou, onde eram guardados, qual o contato de Lobato com esses livros – fatos e acontecimentos que contribuem para imaginarmos o ambiente externo da vida do Lobato-leitor.

A segunda fonte, muito mais consistente, são as cartas enviadas por Monteiro Lobato a seu amigo Godofredo Ran-

Brasiliense, 1967.

10   CHARTIER, Roger. *Cultura escrita, Literatura e História*. Tradução de Ernani Rosa. Porto Alegre: Artmed Editora, 2001.

gel, reunidas no livro *A barca de Gleyre*. São quarenta anos de correspondência sobre livros, leitura, literatura e escrita. Com essas cartas podemos conhecer quem foi esse leitor, o que ele pensava sobre os livros e autores e, principalmente, de que forma essas leituras passavam pelo seu espírito.

De acordo com a biografia de Edgar Cavalheiro, Lobato foi alfabetizado por sua mãe, Dona Olímpia, entre os quatro ou cinco anos de idade. Nesse período, ela o presenteou com seu primeiro livro de leitura, intitulado *João Felpudo*, tradução do original alemão, *Der Struwwelpeter*, de Heinrich Hoffmann, publicado originalmente em 1845.[11] A versão brasileira foi publicada no Brasil por Eduard e Heinrich Laemmart Editores, responsáveis por boa parte das primeiras traduções de literatura infantil no Brasil. Na capa da terceira edição dessa tradução, está escrito *JOÃO FELPUDO ou Histórias alegres para crianças travessas com ricas pinturas exquisitas* (sic). Na mesma capa, estão listados os títulos das diversas histórias apresentadas: Gustavo Travesso, Simplício, João Felpudo, O Negrinho, Joaquim Rosinha, entre outros títulos.

---

11   Encontramos diversas informações sobre as versões brasileiras do livro João Felpudo no site www.joao-felpudo.de O site foi construído e organizado pelo pesquisador Manfred Bickel, um alemão que morou muito tempo no Brasil. Escrevendo em português e alemão, o autor justifica seu interesse pelo tema no seguinte prefácio: *O tema central de minha página na Internet é a estória do João Felpudo brasileiro: Como cheguei até ele, como o senti, como o conheci e aprendi a amá-lo e como eu gostaria de resgatá-lo do esquecimento. Daí em diante minha página na Internet despertará o interesse em outras estórias: em cotidianas, em históricas locais, em históricas de arte e cultura, ou talvez também estórias bem diferentes; mas de todas as minhas lembranças do Brasil. Neste sentido, deverá ser sempre como uma oficina, que viverá com o diálogo de seus visitantes e que progredirá continuamente.(sic) A estória do João Felpudo brasileiro e outros artigos serão inseridos, sempre que possível, no idioma alemão e português, e, para efeito de comparação do sentido de um texto, ocasionalmente também em inglês.* O site foi pesquisado no dia 07 de setembro de 2004.

O pesquisador alemão Manfred Bickel, em seu sítio dedicado à versão brasileira do livro João Felpudo, explica a história desse livro:

> O nome STRUWWEL-PETER origina-se de duas palavras alemãs: o adjetivo strubbelig ou struppig (descabelado), que no dialeto de Frankfurt se pronuncia struwwelig (STRUWWEL), e foi traduzido cerca de 1871 no Brasil para felpudo; e o prenome PETER (Pedro). Literalmente traduzido, o Struwwelpeter alemão teria de ser chamado "Pedro Felpudo" no Brasil. Mas, no Brasil, o "Struwwelpeter" transformou-se em João.
>
> Como em 1844 não encontrava nas livrarias um livro infantil adequado como presente natalino para seu filho Carl, de três anos de idade, o médico alemão Heinrich Hoffmann (1809-1894), cidadão de Frankfurt am Main, compôs e ilustrou ele mesmo um livro com poemas curtos.
>
> As histórias ilustradas, de estilo ingênuo, narram de forma bastante elucidativa como crianças são castigadas no caso de maltratarem animais, brincarem com fogo, chuparem o dedo, não tomarem sua sopa etc. Já na introdução ao livreto as crianças ficam sabendo o que ganharão de Natal se forem sempre bem comportadas, se comerem a sopa, não fizerem barulho ao brincar e seguirem as instruções da mãe ao andar na rua: "Muitas coisas boas e um bonito livro ilustrado". Ou seja, este livro. As intenções didáticas do médico e patriarca de origem burguesa são evidentes e caraterísticas para o período conhecido como Era dos Biedermeier (1815 a 1848) na Alemanha. Seus amigos insistiram para que Hoffmann publicasse o livro. Ele foi publicado em 1845 em Frankfurt com o título "Histórias engraçadas e desenhos divertidos", com uma tiragem de 1.500 exemplares, vendidos em quatro semanas. A história do "Struwwelpeter" só é adicionada ao livro em 1846 e dá ao livro seu título definitivo. Mais tarde o desenho do "Struwwelpeter" passa a constar na

capa e se transforma em uma logomarca inconfundível. O livro tem sido discutido veementemente há muito tempo por causa das suas drásticas ameaças de punição às crianças. Apesar disso, teve centenas de edições, incontáveis traduções, foi reescrito muitas vezes e se tornou um *best-seller* mundial. Hoje em dia nenhum amador do Struwwelpeter defenderia o livro como instrumento pedagógico. Lembranças da infância, nostalgia, a "saudade de antigamente" constitui o segredo de seu sucesso sem fim.

Segundo Gulnara Lobato Pereira, em seu livro *O menino Juca,* Dona Olímpia teria escolhido *João Felpudo* por causa da história *Simplício olha para o ar,* já que Monteiro Lobato era muito distraído e vivia dando topadas e levando tombos. Na história, o menino tem um final trágico e acaba caindo em uma lagoa de tanto olhar para cima.

Ainda sobre as leituras da infância, o próprio Lobato nos conta, em uma de suas cartas, que leu "três livros de Laemmert, adaptados por um Jansen Müller, e dois álbuns de cenas coloridas – *O menino verde* e *João Felpudo.*" [12] Esse breve comentário de Lobato apresenta um testemunho do início da produção de livros infantis no Brasil. As condições de produção, edição, circulação e venda dos livros, principalmente os destinados ao público infantil, no final do século XIX, período de sua infância, contam também a infância do mercado editorial infantil brasileiro.

No Rio de Janeiro, os primeiros livros infantis foram, em sua grande maioria, traduções e adaptações publicadas pelas editoras Laemmert, que exerceu suas atividades de 1838 a 1909, e a Garnier, criada em 1844 e fechada em 1934, cedendo às pressões do concorrente, José Olympio, que se instalou em frente à sede da Garnier, na rua do Ouvidor.[13]

---

12   LOBATO, Monteiro. *Cartas escolhidas.* São Paulo: Brasiliense, 1967. v.2 p.199.
13   PAIXÃO, Fernando. *Momentos do livro no Brasil.* São Paulo: Editora Ática,

Lobato refere-se às traduções e adaptações de Carlos Jansen para a editora Laemmert. Entre essas produções, destacamos: a tradução e adaptação dos *Contos seletos das mil e uma noites*, publicada no Rio de Janeiro em 1882, com prefácio de Machado de Assis; *Robinson Crusoé,* de Daniel Defoe, tradução publicada no Rio de Janeiro, em 1885, com prefácio de Sílvio Romero; *Dom Quixote*, de Miguel de Cervantes, tradução do alemão e adaptação, publicado em 1887; *Viagens de Gulliver a terras desconhecidas*, publicado no Rio de Janeiro em 1888, com prefácio de Rui Barbosa; e *Aventuras do Barão de Munchausen*, tradução do alemão, publicado no Rio de Janeiro em 1891.

Os prefácios dos livros de Jansen foram escritos por alguns dos grandes nomes da intelectualidade brasileira. O texto escrito por Rui Barbosa para o livro *Viagens de Gulliver a terras desconhecidas* foi feito a pedido do próprio tradutor, como poderemos ver no trecho da carta a seguir:

> Como sabe, criei entre nós uma biblioteca juvenil, para ensinar a ler a geração presente. Foram publicados já: *Contos seletos das mil e uma noites*, prefaciados por Machado de Assis; *Robinson Crusoé*, com introdução de Sílvio Romero; *Dom Quixote*, patrocinado por Ferreira de Araújo. Tenho agora no prelo *As viagens de Gulliver,* obra de que lhe envio algumas folhas e os cromos que devem acompanhar o texto – e tenho a ousadia de pedir-lhe uma introdução como o Conselheiro, bom amante da instrução, sabe fazer. [14]

1998.

14 JANSEN, Carlos. Carta a Rui Barbosa In: ARROYO, Leonardo. *Literatura infantil brasileira*. São Paulo: Ed. Melhoramentos, 1968. pp. 172-174.

Jansen pede a Rui Barbosa o prefácio do seu novo livro, certamente por saber que um texto introdutório escrito por um nome respeitado pode conferir ainda mais credibilidade ao seu trabalho.

As traduções de Carlos Jansen foram festejadas e bem recebidas pela crítica. Sílvio Romero escreveu um artigo intitulado "O professor Carlos Jansen e as leituras das classes primárias", no qual tece elogios ao texto do tradutor alemão:

> O Sr. Professor Carlos Jansen, a quem as letras e a pedagogia brasileiras já tanto devem, acaba de traduzir o celebrado romance *Robinson Crusoé*, de Daniel De Foe. (...) Ainda alcancei o tempo em que nas aulas de primeiras letras aprendia-se a ler em velhos autos, velhas sentenças fornecidas pelos cartórios dos escrivães franceses. Histórias detestáveis e enfadonhas, eram-nos ministradas nesses poeirentos cartapácios. Eram como clavas a nos esmagar o senso estético, embrutecer o raciocínio e estragar o caráter. (...) Era o ler por ler, sem incentivo, sem préstimo, sem estímulo nenhum. Hoje esta face da educação provoca um cuidado especial. Ministram-se às crianças leituras que lhes desenvolvem o senso moral e estético, o raciocínio e a imaginação, o coração e o espírito. (...) Nesta boa senda caminha o Sr. Carlos Jansen. O *Robinson Crusoé*, redigido para a mocidade brasileira, é um presente magnífico, um mimo que vai encantar instruindo os nossos filhos, e os vai instruir sem afetações, sem lamúrias e pieguices nocivas.[15]

O depoimento de Sílvio Romero sobre suas próprias experiências de iniciação à leitura esclarece o ar de novidade trazido pelas adaptações e traduções de Carlos Jansen. Se antes a prática de leitura era realizada a partir de autos e

---

15   ROMERO, Sílvio. *Estudos de literatura contemporânea*. Páginas da Crítica. Rio de Janeiro: Tipografia Universal de Laemmert & C. 1885 p. 159-164.

sentenças completamente sem atrativos, a possibilidade de apresentar às crianças a leitura de aventuras e histórias de imaginação foi como abrir uma janela para um novo universo. Parecia que, de repente, descobria-se aos poucos que as crianças poderiam aprender a ler com prazer, gostando da experiência de percorrer um texto compreendendo o seu significado, emocionando-se, vivendo o encantamento.

Machado de Assis, no prefácio à primeira tradução publicada por Carlos Jansen, também fez elogios à iniciativa do autor e do editor:

> O Sr. Carlos Jansen tomou para si dar à mocidade brasileira uma escolha daqueles famosos contos árabes das *Mil e uma noites*, adotando o plano do educacionista alemão Franz Hoffman. (...) Para os nossos jovens patrícios, creio que é isto novidade completa. (...) Conhecer e escrever uma língua, como a nossa, não é tarefa de pouca monta, ainda para um homem de talento e aplicação. O Sr. Carlos Jansen maneja-a com muita precisão e facilidade, e dispõe de um vocabulário numeroso. (...) Esquecia-me que o livro é para adolescentes, e que estes pedem-lhe, antes de tudo, interesse e novidades. Digo-lhes que acharão aqui. Um descendente de teutões conta-lhes pela língua de Alencar e Garrett umas histórias mouriscas: com aquele operário, esse instrumento e esta matéria, dá-lhes o Sr. Laemmert, velho editor incansável, um brinquedo graciosíssimo, com que podem entreter algumas horas dos seus anos em flor.[16]

Machado de Assis, em seu prefácio, louvou a iniciativa de trazer para o público jovem brasileiro uma obra mundial e a linguagem correta de Carlos Jansen em sua tradução. Chamou o livro de "brinquedo graciosíssimo", atribuindo à

---

16 Machado de Assis. Prefácio a *Contos seletos das mil e uma noites*. Rio de Janeiro: Editora Laemmert, 1882. In: Machado de Assis, *Obra completa*. 3º Volume. Rio de Janeiro: Ed. Aguillar, 1959. p. 917.

leitura a função de prazer e entretenimento. Machado elogia a adoção de um plano educacionista alemão para orientar a adaptação da obra para o português. Vemos, com esses comentários, que naquele momento a tradução de obras estrangeiras parecia ser suficiente. A novidade de oferecer livros direcionados para crianças, produto que não existia, parecia bastar – mesmo que essas obras falassem de realidades tão distantes do cotidiano brasileiro no final do século XIX.

Machado de Assis era autor das mesmas editoras que publicaram essas primeiras traduções. Ele e José de Alencar lançaram livros pela Garnier e Laemmert, que também eram livrarias e ponto de encontro de autores e seus admiradores. Já em São Paulo, no final do século XIX, os livros podiam ser comprados, na livraria Teixeira e na Casa Garaux.

A Livraria Teixeira, de propriedade dos irmãos Antônio e José Teixeira, também incluiu nas suas atividades a edição de livros. Foram publicados pela Teixeira e Irmão Editores: *A carne*, de Júlio Ribeiro (1888), *A moreninha*, de Joaquim Manoel de Macedo (1890), *Demônios*, de Aluísio Azevedo (1893) entre muitos outros. Foi essa livraria que instituiu no país, mesmo que por acaso, as sessões de autógrafos com os escritores.

Certamente, era nessas livrarias que os pais e o avô de Lobato, o Visconde de Tremembé, compravam seus livros e aumentavam a sua biblioteca, que foi, na infância de Lobato, um mágico ambiente de descobertas e revelações. Nas visitas ao avô, Lobato escolhia a biblioteca como local preferido e precisava ser tirado de lá à força pelo pai. Mais tarde, seu personagem mais sábio, o Visconde de Sabugosa, não passaria por esse problema: moraria na biblioteca, nunca precisaria sair de perto dos livros.

A maior parte dos livros do acervo veio através de um filho do Visconde de Tremembé, que viajou pelo mundo e morreu em Nápoles. Depois de sua morte, seus livros retornaram para Taubaté. É o próprio Lobato quem descreve esse universo de livros:

> A biblioteca de meu avô é ótima, tremendamente histórica e científica. Merecia uma redoma. Imagina que nela existem o *Zend-Avesta*, o *Mahabarata* e as obras sobre o Egito de Champollion, Maspero e Breasted; e o Larousse grande; e o Cantú grande; e o Elysée Reclus grande; e inúmeras preciosidades nacionais, como a coleção inteira da *Revista Ilustrada* do Angelo Agostini, a do *Novo Mundo*, de J.C. Rodrigues e mais coisas assim. Há uma coleção do *Journal des Voyages*, que foi o meu encanto em menino. Cada vez que naquele tempo me pilhava na biblioteca do meu avô, abria um daqueles volumes e me deslumbrava. Coisas horríveis, mas muito bem desenhadas – do tempo da gravura em madeira.
>
> (...) Eu ouvia gritos... E coisas horrorosas da Índia. Viúvas na fogueira. Elefantes esmagando sob as patas a cabeça de condenados. E tigres agarrados à tromba de elefantes.[17]

Sobre as práticas de leitura, entre as lembranças da infância de Monteiro Lobato, a que ele considerava uma das mais nítidas, eram os momentos em que ele reunia as irmãs e os filhos dos empregados da fazenda de sua família e passava horas a fio lendo para eles. Todos o rodeavam, enquanto ele folheava as páginas dos seus livros, mostrando-lhes as figuras e lendo-lhes os dizeres.[18]

Esse dado biográfico é muito importante para a compreensão do autor. Desde muito cedo, Lobato já tomava para si a função de ser um propagador da leitura dentro do pequeno mundo que poderia influenciar: as irmãs e os filhos dos em-

17   LOBATO, Monteiro. *A barca de Gleyre*. v. 1.; p.51.
18   CAVALHEIRO, Edgar. *Monteiro Lobato: vida e obra*. São Paulo: Companhia Editora Nacional, 1955. v.1.; p. 26.

pregados de sua família – estes últimos, crianças pobres que, de outra forma, não teriam acesso aos livros. O hábito de apresentar a leitura às crianças consolidou-se, amadureceu e transformou-se em uma missão muito bem realizada.

Ainda prosseguindo nas pesquisas sobre as leituras de Lobato, passaremos para o levantamento de dados de nossa segunda fonte: as cartas. No caso do pesquisador que busca conhecer o Lobato leitor na vida adulta, o livro *A barca de Gleyre* é um verdadeiro diário de leitura de Monteiro Lobato.[19] A partir desse livro, é possível mapear as leituras que mais marcaram o autor no período em que foram escritas as cartas (1903 a 1948), conhecer suas impressões sobre esses textos e acompanhar os planejamentos de Monteiro Lobato para a composição de sua obra.

Lobato relembra que, no período colegial, leu os livros de Julio Verne e *Robinson Crusoé*; este último, ele comenta que recebeu de presente de Natal e que foi "lido e relido com um deleite inenarrável".[20]

As escolhas das leituras eram feitas livremente, a partir da biblioteca da família e, posteriormente, de livros adquiridos por ele. Lobato disse em uma carta que só lia o que lhe agradava e quando estava com apetite. Essa ligação da leitura com a alimentação, com o prazer de comer, ainda seria feita muitas vezes nos textos de Lobato.[21] Em carta de 30 de setembro de 1915, Lobato confessa que, até depois dos 25 anos, havia lido muito pouco de literatura em português,

---

19 As leituras realizadas por Lobato e comentadas nas cartas a Godofredo Rangel foram detalhadamente pesquisadas e listadas pela professora Eliane Santana Dias Debus em sua tese *O leitor, esse conhecido – Monteiro Lobato e a formação de leitores*, defendida em 18/01/2001 na Pontifícia Universidade Católica do Rio Grande do Sul. Nossa pesquisa partiu do levantamento cuidadoso feito por essa pesquisadora, a quem registramos nossa gratidão pela comunhão da pesquisa.

20 LOBATO, Monteiro. *A Barca de Gleyre*. v.2.; p. 304.

21 No livro *A reforma da Natureza*, Emília propôs os "livros comestíveis" como um projeto de incentivo à leitura.

"um pouco de Eça, uns cinco volumes de Camilo, meio Machado de Assis. E Euclides e jornais".[22]

Ao longo de toda a listagem de obras citadas por Lobato em suas cartas sobre leituras, percebemos a predominância de autores estrangeiros. Uma das obras mais citadas por Lobato é *Tartarin de Tarascon,* de Alphonse Daudet, um livro importante na sua juventude. Os apelidos, as brincadeiras, expressões e códigos entre os amigos de faculdade eram todos retirados deste livro.

Eliane Debus faz, em sua tese[23], um levantamento das leituras por ano. Em 1906, Lobato registra o contato com a obra de Lamartine, Émile Zola, Mirabeau, Balzac, Alphonse Karr, Fontenelle, George Sand e Voltaire. Em 1907, cita Anatole France, Le Bon, Tristan Bernard, Rabelais, Verhaeren, Marcel Prévost, Victor Hugo, Molière, Aber Hermant, Paul Hervieu, Henri Lavedan, Henry Bernstein, Maurice Barres, Leon Frapié. Nas cartas de 1908, ele fala de Verlaine, Baudelaire, Maupassant, Chateaubriand, Michel de Montaigne, Marquês de Sade, Banville, Hall Caine, entre outros.

Debus mostra ainda uma divisão pela nacionalidade dos autores. Dos russos, Lobato leu Dostoiévski, Tolstói, Gogol, Górki e Turgueniev. Da literatura inglesa, Walter Scott, Herbert Spencer, Oscar Wilde, Edgar Allan Poe, H. G. Wells, Mark Twain e William Shakespeare. Dos alemães, Nietzsche, Imannuel Kant e Goethe. Dos clássicos, leu Homero, Virgílio, Ésquilo, Platão, Aristóteles, Horácio, Petrônio.

A partir de 1909, Lobato confessou a Rangel que iria dedicar-se, a partir daquela data, somente à leitura de textos em português, sorvendo-os na dose de "meio por dia". Assim, leu Malheiro Dias, Frei Luís de Sousa, Camilo Castelo Branco, Luís de Camões, Almeida Garrett, Graça Ara-

---

22   LOBATO, Monteiro. *A Barca de Gleyre.* v. 2; p.50.

23   DEBUS, Eliane. *O leitor, esse conhecido: Monteiro Lobato e a formação de leitores,* p. 30.

nha, João do Rio, Euclides da Cunha, Manuel Antônio de Almeida, Joaquim Manoel de Macedo, Visconde de Taunay, Oliveira Paiva[24], Júlia Lopes de Almeida, Machado de Assis. Sobre esse último, Lobato comenta que leu *Memórias póstumas de Brás Cubas* "oito ou dez vezes".[25]

Monteiro Lobato adquiria seus livros por encomenda via correio a editoras portuguesas, em sebos de São Paulo, na Casa Garraux, na Livraria Alves e também através de trocas de livros com seus amigos. Além dos livros que possivelmente herdou da biblioteca do avô Visconde.

Percorrer essas leituras é conhecer o cânone lobatiano, as suas escolhas, preferências, influências e formação. Por cânone entendemos "um conjunto de obras – os clássicos, as obras-primas dos grandes mestres – um patrimônio da humanidade a ser preservado para as futuras gerações, cujo valor é indisputável".[26] Conhecer esse cânone pessoal de Lobato é um caminho para entender a sua formação intelectual, compreendendo melhor os seus posicionamentos diante da vida.

Com as cartas de Monteiro Lobato podemos conhecer uma parte de suas práticas como leitor. Ele comenta alguns de seus métodos de leitura, quando diz que lia em doses de "meio por dia".

Lobato trazia a experiência de leitura para perto das atitudes do cotidiano, como comer, banhar-se, ingerir bebidas alcoólicas, sonhar. Com essas comparações, ele vai presenteando seus leitores com um relato de sua intimidade com

---

24 Lobato leu o romance de Oliveira Paiva muitos anos antes de sua publicação em livro, conforme carta do dia 04 de maio de 1916. *"Na Revista Brasileira, de José Veríssimo, li uma novela dum Oliveira Paiva, cearense morto aos 30 anos, que me encheu as medidas. Penso em escrever um estudo sobre esse livro, 'Dona Guidinha do Poço', a coisa mais nacional que tenho lido. Acho que se não morre tão moço, esse Oliveira Paiva seria o Messias do romance brasileiro."* LOBATO, Monteiro. *A barca de Gleyre*, v.2.; p.87.

25 Idem, ibidem, p.37.

26 REIS, Roberto. Cânon. In: *Palavras da crítica*. Rio de Janeiro: Imago, 1990.

os livros. Ele era banhado por leitura, como podemos ler no trecho sobre Nietzsche:

> Dum banho em Nietzsche saímos lavados de todas as cracas vindas do mundo exterior e que nos desnaturam a individualidade. Da obra de Spencer, saímos spencerianos; da de Kant, saímos comtista – da de Nietzsche saímos tremendamente nós mesmos. O meio de segui-lo é seguir-nos. "Queres seguir-me? Segue-te!" Quem já disse coisa maior?[27]

As considerações feitas sobre Nietzsche são uma constante nas cartas para Rangel. Pelo volume de citações, podemos dizer que Nietzsche foi um dos pensadores que mais o influenciou.

Em outro trecho de carta para Rangel, Lobato apresentou a experiência de leitura de livros estrangeiros como verdadeiros passeios e nos apresenta a paisagem que viu:

> Dum livro francês sai-se como dum salão galante, onde todos fazem filosofia amável e se chocam adultérios. Dum livro inglês sai-se como dum garden-party, onde há misses vestidas de branco, zero peito e olhos volubilis de bem azul. Dum livro alemão (alemão moderno, porque nos grandes antigos não é assim) sai-se contente (...). Mas sair dum livro russo é sair dum pesadelo![28]

Outro ponto importante a notar em Lobato-leitor é a sua capacidade de fazer relações e de construir metáforas a partir dos textos lidos. Para falar de alguns autores, ele os compara com diversos tipos de bebidas para tentar explicar um pouco de seus efeitos:

---

27   LOBATO, Monteiro. *A barca de Gleyre*, v.1.; p.66.
28   Idem, ibidem, p. 193.

Kipling é estilo White Label. Inebria depressa. Gorki é vodka. Derruba. E nós? Alencar é capilé com água flórida bebida em copo de leite. Macedo é capilé com canela, bebido em caneca de folha. Bernardo Guimarães é capilé com arruda, bebido em cuia. Coelho Neto é capilé da Grécia, bebido em ânfora de cabaça. Machado de Assis é capilé refinado, filtrado, puríssimo, bebido pela taça de cicuta do Sócrates.[29]

Beber os livros, comer os livros, morar nos livros. Essas metáforas tão fortes, além da demonstração de intimidade mostram o processo de apropriação de bens simbólicos para Lobato, quase como uma digestão: as leituras são realizadas, pensadas, julgadas. Aquilo de que não gosta, ele simplesmente despreza com curtas e rápidas palavras de desapreço. Aquilo de que ele gosta, bebe, engole, digere e guarda para si o suprassumo.

Da Leitura à Escritura

O caminho da leitura à escritura aconteceu de forma muito natural e precoce na vida de Monteiro Lobato. Primeiro foram as cartas para a família, já apresentando um modo criativo de contar as novidades e perguntar pelas notícias.

O primeiro artigo de Lobato foi publicado em 1896 no jornal *O Guarani*, organizado pelos alunos do Colégio Paulista em Taubaté, quando ele tinha 14 anos de idade. O artigo, que tinha o modesto título "Rabiscando..." era uma crítica ao livro *Enciclopédia do riso e da galhofa*, que Lobato assinara com o pseudônimo Josbem. Esse livro, de autoria de Pafúncio Semicúpio Pechincha, irritou Lobato pela falta de

---

29   Idem, ibidem, v.2., p.162.

graça de suas piadas. No conto "O engraçado arrependido", Monteiro Lobato cita o mesmo livro dizendo que o personagem, Sousa Pontes, "sabia de cor *a Enciclopédia do riso e da galhofa*, de Fuão Pechincha, a criatura mais dessaborida que Deus plantou no mundo...".[30]

Em 1903, junto com os colegas da faculdade de Direito no Largo de São Francisco em São Paulo, fundou o jornal *O Minarete*. Um ano depois, venceu um concurso de contos entre os alunos, com o texto "Gens Ennuyeux", publicado em 1904 no jornal *Onze de Agosto*.

A lista de publicações que contaram com a colaboração de Monteiro Lobato é extensa: *Jornal de Taubaté* (1904); *O Estado de S.Paulo* (1908); *Fon-Fon* (1908); *A Tribuna* (1908); *Correio Paulistano* (1913); *A Cigarra* (1913); *Revista Parahyba* (1916); *Revista do Brasil* (1916); *O Estadinho* (1917); *Revue de L'Amérique Latine* (1924); *O Jornal* (1926); *Diário de São Paulo* (1926); *A Manhã* (1926); *Tribuna do Norte* (1931); *Agência de Notícias da União Jornalística Brasileira* (1934); *La Prensa* (1939); *Jornal de São Paulo* (1946); *Revista Fundamentos* (1948).

No princípio da carreira, optou por usar pseudônimos como Mem Bugalho Pataburro, Lobatoiyewsky, Josbem, Edelweiss, Hélio Bruma, Rodanto Cor-de-Rosa e Olga Lima, entre outros.

Como jornalista, nunca teve medo de tocar em assuntos polêmicos. Seu primeiro texto de destaque, intitulado "Velha Praga", publicado no *Estado de S. Paulo*, era uma queixa contra as queimadas feitas perto de sua fazenda Buquira, que herdou de seu avô, o Visconde de Tremembé.

Já em 1917, outro artigo de Lobato causou impacto entre os leitores: "Paranoia ou Mistificação", publicado na *Revista do Brasil*, onde critica a obra de Anita Malfatti e ganha a

---

30 CAVALHEIRO, Edgar. *Monteiro Lobato: vida e obra*. São Paulo: Companhia Editora Nacional, 1955. p. 41.

fama de opositor do modernismo, mal compreendida até os dias de hoje.

O primeiro livro de Monteiro Lobato foi publicado em 1917. O material para o livro surgiu em 1916, quando ele organizou um inquérito na edição vespertina do jornal *O Estado de S. Paulo*, intitulada *O Estadinho*. O inquérito queria apurar o que as pessoas sabiam sobre a figura do Saci. Com a edição das respostas, ele publica *Saci-pererê: resultado de um inquérito.*

Em 1918, Lobato compra a Revista do Brasil, funda a editora Monteiro Lobato & Cia e lança dois livros: *Urupês*, que tem grande sucesso e *Problema vital*, uma série de artigos sobre saúde pública.[31]

Dois anos depois, em 1920, lança o seu primeiro livro infantil *A menina do narizinho arrebitado* e passa a seguir um novo rumo na carreira de escritor. Mesmo pensando nas crianças, prossegue com a literatura para adultos e com a colaboração em jornais.

A linguagem do Lobato, como jornalista ou escritor, era ácida, quando preciso, denunciadora, criativa. Ele não permanecia calado em relação às coisas com as quais não concordava. Sentia-se no direito (ou na obrigação) de expor seus pensamentos, de colaborar para a melhoria da realidade, com a divulgação da cultura.

Lobato talvez estivesse de acordo com Jean-Paul Sartre, quando o escritor francês afirmou que "toda obra literária é um apelo. Escrever é apelar ao leitor para que este faça passar à existência objetiva o desvendamento que empreendi por meio da linguagem. (...) Assim, o escritor apela à liberdade do leitor para que esta colabore na produção de sua obra."[32]

---

31   LAJOLO, Marisa. *Monteiro Lobato: um brasileiro sob medida*. São Paulo: Editora Moderna, 2000. p. 88.

32   SARTRE, Jean-Paul. *Que é a literatura?* Tradução de Carlos Felipe Moisés.

Os textos de Monteiro Lobato apelavam não só à liberdade, como ao raciocínio do leitor para que, através daquela leitura, ele modificasse o seu modo de pensar e passasse a colaborar com a construção de um país melhor. Foi assim com os artigos em relação às queimadas, às pragas, à figura do caboclo acomodado, o Jeca Tatu, à luta pelo petróleo e ferro e a tantas outras ideias difundidas em seus textos. Escrever para Lobato era, sim, apelar.

O crítico Antonio Candido, em seu ensaio "O escritor e o público", reafirma a ideia da função social da literatura e o papel do escritor:

> Vale dizer que o escritor, numa determinada sociedade, é não apenas o 'indivíduo' capaz de exprimir a sua originalidade (que o delimita e especifica entre todos), mas alguém desempenhando um 'papel social', ocupando uma posição relativa ao seu grupo profissional e correspondendo a certas expectativas dos grupos leitores ou auditores. A matéria e a forma da sua obra dependerão em parte da tensão entre as veleidades profundas e a consonância ao meio, descobrindo um diálogo mais ou menos vivo entre criador e público.[33]

Como escritor, Monteiro Lobato seguiu em seu ofício, consciente dos efeitos do seu texto. Ele tinha plena consciência da responsabilidade desse "diálogo vivo" entre criador e público. Da mesma forma que as suas leituras modificaram seu pensamento, ele passou à construção de uma escritura que modificasse o pensamento dos outros.

A partir da definição de Roland Barthes, entendemos escritura como "uma função, a relação entre a criação e a so-

São Paulo: Editora Ática, 1999.

33   CANDIDO, Antonio. O escritor e o público. In: *A literatura no Brasil*. Rio de Janeiro: José Olympio Editora/ Universidade Federal Fluminense, 1986.

ciedade, é a linguagem literária transformada por sua destinação social, é a forma apreendida na sua intenção humana e ligada assim às grandes crises da História." [34]

Conhecendo a definição de Barthes para o conceito apresentado acima, podemos dizer que Lobato construiu uma escritura? O seu texto, tanto para adultos como para crianças, esteve ligado às grandes crises de seu tempo? Não há dúvida que sim. Suas temáticas eram muito próximas dos problemas que ele gostaria de ver superados em seu país. Seu instrumento de mudança era sua máquina de escrever. Sua arma era a palavra.

Lobato não era um artista à espera da iluminação, da inspiração divina. Ele sabia como fazer e o que dizer. Ele não pensava a literatura como "frutos do puro acaso, nem produtos de ações inconsequentes, nem objetos formados impensadamente, nem fenômenos que se realizam incoerente e ilogicamente." [35] Quanto ao seu fazer poético, sua *poiesis*, Lobato tinha noção clara de suas responsabilidades e tinha uma resposta muito clara para a pergunta que Jean-Paul Sartre fez em 1948: *por que escrever?*[36]

Por que escrever?
A funcionalidade da leitura.

Lobato acreditava que a leitura tinha a função de instruir e divertir, compartilhando esse pensamento com Horácio, apresentado em sua *Epístola aos pisões*, citando-o em alguns momentos de sua obra.

---

34   BARTHES, Roland. *O grau zero da escritura*. São Paulo: Cultrix, 1986.

35   ANDRADE, Janilto. A Poética. In: *Da beleza à poética*. Rio de Janeiro: Imago, 2001. p. 124.

36   SARTRE, Jean-Paul. Por que escrever?. In: *Que é a literatura?*. Tradução de Carlos Felipe Moisés. São Paulo: Editora Ática, 1999.

Em um trecho de *A Barca de Gleyre*, Lobato recomenda a Godofredo a leitura de Horácio justamente quando o seu amigo está partindo para uma viagem durante a escrita do livro *Queijo de Minas*, sugerindo que a leitura de Horácio o ajudaria nessa empreitada.

> Salve! Aplaudo com viva satisfação tua ideia de zefernandear jacinticamente na doce paz desses vinhedos de Caldas, entre bons queijos e tijelões de leite gordo, a respirar o cheiro dos capins-melados e a morrinha do senhor Cura. Mas não te desleixes do Horácio... para irrigação das flores do espírito nas noites calmas...[37]

Já no trecho do conto "O colocador de pronomes", o protagonista, Aldrovando Cantagalo, um preciosista indignado com a falta de apuro e invasão de estrangeirismos na língua portuguesa, clama por Horácio.

> – (...) Ai! Onde param as boas letras de antanho? Fez-se peru o níveo cisne. Ninguém atende a lei suma: – Horácio! Impera o desprimor, e o mau gosto vige como suprema regra. A gálica intrujice é maré sem vazante.[38]

Em certa ocasião, Rangel pediu a Lobato a indicação de alguns livros, ao que ele respondeu:

> Quanto aos livros a recomendar... Que coisa difícil! Para cada temperamento, para cada personalidade que somos, tais os livros. Eu já disse não sei onde, que temos de ser ímãs; e passar de galopada pelos livros, com cascos de ferro imantado, para irmos atraindo o que nas leituras nos aproveite, por força de misteriosa afinidade com o misté-

---

37   LOBATO, Monteiro. *A Barca de Gleyre*, v. 2. p. 55.
38   Idem. O colocador de pronomes. In: *Negrinha*. 15 ed. São Paulo: Brasiliense, 1972

rio interior que somos. Ler não para amontoar coisas, mas para atrair coisas. Não coisas escolhidas conscientemente, mas coisas afins, que nos aumentem sem o percebermos. (...) Talvez o que você goste em mim seja isso – essa coleta que em inumeráveis leituras, desde mocinho, meus cascos fizeram instintiva ou inconscientemente. E como o método deu resultado para mim, bem possível que também o dê para você, que tem muitas afinidades comigo (...). Em suma: é preciso que você passeie pelo pensamento escrito dos grandes homens, das grandes inteligências, não para acumular como um museu o que eles dizem, mas para ir assimilando umas essências afins e construtoras do teu Ego mental.[39]

Essa "construção do Ego mental" citada por Lobato aproxima-se das ideias de Roland Barthes sobre como o leitor apreende e reconstrói suas experiências de leitura, transformando "obras" em "textos". Segundo Barthes:

(...) diante da *obra* produz-se a exigência de um objeto novo. Esse objeto é o *Texto*. (...) A obra se vê (nas livrarias, nos fichários, nos programas de exame), o texto se demonstra (...) a obra segura-se na mão, o texto mantém-se na linguagem.(...) O texto não pode parar; seu movimento constitutivo é a *travessia*. O texto decanta a obra (se ela permitir) do seu consumo e a recolhe como jogo, trabalho, produção, prática.[40]

O *Texto*, de acordo com Barthes, é a transformação da leitura depois que é apreendida pelo seu leitor. A obra está nas prateleiras, nas estantes. O texto está na mente do leitor. O "jogo, trabalho, produção" é na verdade a transformação

---

39   NUNES, Cassiano. (Org.). *Monteiro Lobato vivo*. Rio de Janeiro: MPM Propaganda/Record, 1986. p. 69. Carta a Hernani Ferreira, abril de 1946.

40   BARTHES, Roland. Da obra ao texto. In: *O rumor da língua*. São Paulo: Brasiliense, 1988.

da *Obra*, na prática da construção desse "Ego mental" a que Lobato se referiu. O *Texto* de cada leitor é composto como um tecido, um bordado construído com as linhas de suas leituras. Depois de atrair o que há de melhor com os "cascos imantados", o leitor desmonta a obra e estrutura o seu repertório de leituras, não amontoando, mas compondo a sua biblioteca de ideias.

Monteiro Lobato concebeu com muito cuidado o seu projeto de uma literatura para crianças. Isso é evidente em suas cartas. Ele tinha clara a noção de planejamento do trabalho e da noção do todo. A ideia surgiu a partir da demanda de seus próprios filhos. Lobato constatou que não existiam bons livros que sua esposa Purezinha pudesse ler para as crianças. Assim, ele planejou um trabalho a partir das fábulas e da cultura popular, com a intenção de abrasileirar esses textos.

Clareza da linguagem, beleza do texto, respeito às idades: três atributos valorizados por Monteiro Lobato.

Durante as leituras de Dona Benta para Narizinho, Pedrinho, Emília, Nastácia e Visconde, por várias vezes a "audiência" critica a densidade dos textos, fazendo com que Dona Benta não se limite a ler os livros, mas sim apresente versões para as crianças. Faz parte do projeto literário de Lobato a ideia de leitura como proveito e deleite, pregada por Horácio. Era tudo o que ele queria: deleitar e instruir as crianças. Em alguns de seus livros, *Emília no país da gramática, Aritmética da Emília, História do mundo para as crianças,* entre outros, esse propósito ficou muito claro. E foi bem sucedido. Lobato recebeu inúmeras cartas de crianças satisfeitas por terem conseguido aprender e se divertir ao mesmo tempo. Sobre isso, o escritor comentou:

> O menino aprende a ler na escola e lê em aula, à força, os horrorosos livros de leituras didáticas que os industriais do gênero impingem nos governos. Coisas soporíferas,

leituras cívicas, fastidiosas patriotices. Tiradentes, bandeirantes, Henrique Dias, etc. Aprende assim a detestar a pátria, sinônimo de seca, e a considerar a leitura como um instrumento de suplício.[41]

O primeiro livro de leitura de Monteiro Lobato merece atenção por alguns detalhes curiosos. Primeiramente, a motivação do autor, o médico alemão Heinrich Hoffmann (1809-1894), é exatamente a mesma que Lobato aponta como a sua própria motivação para escrever livros para crianças: a falta de bons livros infantis no mercado.

Mas, em outros aspectos, as motivações de Lobato são diferentes das do autor alemão. Se este cria histórias cheias de punições e castigos para crianças malcomportadas, Lobato segue o caminho oposto e chega a comentar o que pensa das moralidades das fábulas e livros infantis:

> Ando com várias ideias. Uma: vestir à nacional as velhas fábulas de Esopo e La Fontaine, tudo em prosa e mexendo nas moralidades. Coisa para crianças. Veio-me da atenção curiosa com que meus pequenos ouvem as fábulas que Purezinha lhes conta. Guardam-nas de memória e vão recontá-las aos amigos – sem, entretanto, prestarem nenhuma atenção à moralidade, como é natural. A moralidade nos fica no subconsciente para ir-se revelando mais tarde, à medida que progredimos em compreensão. Ora, um fabulário nosso, com bichos daqui em vez dos exóticos, se for feito com arte e talento dará coisa preciosa.[42]

Esta carta escrita por Lobato deixa claro que ele não pretendia dar lições de moral às crianças. Seus planos estavam mais voltados para uma nacionalização da literatura infantil, trazendo para o imaginário das crianças brasileiras

41   LOBATO, Monteiro. *A barca de Gleyre*, v. 2.; p. 84.
42   Idem, ibidem, pp. 245-246.

os bichos e plantas do seu país – aqueles que ele conhecera tão bem na infância graças aos cuidados do seu avô Visconde, que plantava espécies variadas em sua chácara.

Sobre a necessidade de uma literatura infantil moralizante, Lobato também difere do médico alemão. Suas personagens são atrevidas, ousadas, desobedientes, com opinião própria, e não são punidas por isso. O principal exemplo é a boneca Emília, que quanto mais transgride as regras – sejam elas ditadas por Dona Benta ou pela própria natureza – mais cresce na trama.[43] A partir das cartas de leitores, encantados com o método pedagógico do escritor Lobato, ele passou a preocupar-se ainda mais com a lapidação do texto.

Mário de Andrade, no seu *Baile das quatro artes*[44], diz que o artista deve apoiar seu fazer artístico sobre três bases: o artesanato, saber usar bem o instrumento necessário para a realização de seu trabalho; a virtuosidade, que é o estudo e a pesquisa e o conhecimento do seu universo artístico; e o talento – que nem todos possuem e que, por si só, não faz um grande artista. Janilto Andrade[45] também defende um fazer poético baseado na ideia, no esforço e cuidado com a obra. Com tudo isso, reforçamos a imagem de Lobato, em sua Barca, controlando os movimentos do remo e sabendo como ir e para onde ir. Sua obra foi estudada, planejada, construída. Ele escrevia todos os dias, no mesmo horário, à máquina. Sabia os efeitos que queria causar, principalmente na sua literatura infantil. Tinha noção da responsabilidade e do alcance de sua obra. Queria usar a palavra para melhorar seu país. Um artista sempre atento aos rumos de sua barca.

---

43   O segundo capítulo dessa dissertação será dedicado a uma análise aprofundada da boneca Emília e sua atuação ao longo de toda a obra infantil de Monteiro Lobato.

44   ANDRADE, Mário de. O artista e o artesão. In: *O baile das quatro artes*. São Paulo: Martins, 1975.

45   ANDRADE, Janilto. A poética. In: *Da beleza à poética*. Rio de Janeiro: Imago, 2001.

Lobato Editor:
uma outra maneira de formar leitores

No percurso das atividades profissionais de Monteiro Lobato, sua atuação como editor teve papel fundamental na história da formação da leitura no Brasil. A atividade começou depois da publicação de seus dois primeiros livros: *Saci-pererê: resultado de um inquérito* e *Urupês*. Lobato tornou-se editor depois da experiência de autor publicado, o que certamente contribuiu para os seus negócios e para o trato com os escritores. Para eles, conversar com Lobato-editor era conversar, antes de tudo, com um colega de profissão.

Em 1918, pouco depois de adquirir a *Revista do Brasil*, Lobato agregou à revista a atividade editorial, com o nome *Edições da Revista do Brasil*. Em 1919, Lobato resolveu continuar as atividades editoriais em uma empresa independente, denominada Olegário Ribeiro, Lobato & Cia. Pouco depois, em 1920, estruturou a editora Monteiro Lobato & Cia (depois Companhia Gráfico-Editora Monteiro Lobato) que começou a operar em julho de 1920.

Muitos aspectos do trabalho da editora eram inéditos para o Brasil dos anos 20, quando o mercado editorial brasileiro ainda ensaiava passos muito tímidos e repetitivos. As estratégias de distribuição e venda foram umas das principais inovações:

> O corpo de vendedores era formado de autônomos, consignatários e empresas sediadas no interior. (...) Em meados de 1921 a Monteiro Lobato & Cia já contava com uma rede de mais de trezentos vendedores em expansão permanente, o que permite levar as obras aos pontos mais remotos do país, alavancando extraordinariamente sua saída. Como consequência, as tiragens aumentaram, alcançando níveis nunca antes atingidos. Outra novidade foi distribuir, a tí-

tulo de divulgação, exemplares para a pequena imprensa das cidades do interior, onde dispunham de representantes. Com custo baixíssimo, esta medida trazia incremento considerável na vendagem de cada edição.[46]

A inovação da venda de livros no interior do estado de São Paulo, onde não existiam livrarias, foi boa para a empresa de Lobato, que aumentou o seu raio de atuação e, principalmente, para os habitantes dessas cidades. O acesso ao livro passou a ser mais fácil e mais rápido, o que certamente ampliou o público leitor das cidades beneficiadas.

No ano de 1924, a Monteiro Lobato & Cia instalou-se em um edifício na Rua Brigadeiro Machado, São Paulo. O prédio tinha cinco mil metros quadrados e recebeu modernas impressoras importadas dos Estados Unidos. O dinheiro para a compra do equipamento foi conseguido por Lobato através de empréstimos. Em maio de 1924, a editora passou a chamar-se Companhia Gráfico-Editora Monteiro Lobato, uma tentativa de agregar acionistas e diminuir as dívidas contraídas para a compra das máquinas e do prédio. A empresa transformou-se na maior e mais moderna empresa do ramo no país. Mais um exemplo do pioneirismo de Lobato nos caminhos das letras brasileiras.

Em julho de 1924, a Revolução dos Tenentes, em São Paulo, iniciou uma crise que abalou definitivamente a saúde financeira da editora de Lobato. No dia 24 de julho de 1925, foi decretada a falência da Companhia Gráfico & Editora.

Mas Lobato era incansável. No mesmo ano, em sociedade com Octales Marcondes, fundou a Companhia Editora Nacional e transferiu-se para o Rio de Janeiro. O capital para a abertura da nova editora veio da venda de uma casa lotérica que Lobato e Octales possuíam no centro de São

46 SACHETTA, Vladimir; CAMARGOS, Marcia; AZEVEDO, Carmem Lucia. *Monteiro Lobato. Furacão na Botocúndia*. São Paulo: Editora Senac: 1997.

Paulo. A assembleia de instalação ocorreu em 15 de setembro de 1925. A Companhia Editora Nacional ia bem, apesar do alto custo para a compra de papel importado e da concorrência com livros portugueses. Mas em 1927 Lobato recebeu um convite para assumir o posto de adido cultural no Consulado do Brasil em Nova Iorque. Lá, investiu dinheiro na Bolsa de Nova Iorque e perdeu tudo o que tinha com a crise da bolsa em 1929. Para recuperar parte do dinheiro, em 1930, vendeu suas ações da Companhia Editora Nacional e encerrou o seu período de dedicação exclusiva à edição de livros. Foram doze anos de atividade como editor no Brasil. Quando mudou-se para a Argentina, em 1946, fundou com alguns amigos a editora Acteon. Mas no ano seguinte, 1947, voltou para o Brasil. Um dos inúmeros méritos do seu trabalho foi o lançamento de novos escritores. Segundo levantamento de Edgard Cavalheiro, Lobato publicou os seguintes autores:

POESIA: Alphonsus de Guimarães, Vicente de Carvalho, Menotti del Picchia, Ricardo Gonçalves, Cleómenes Campos, Francisca Júlia, Paulo Setúbal, Maria Eugênia Celso, Rosalina Coelho Lisboa, Ribeiro Couto, Medeiros e Albuquerque, Cesídio Ambrogi, Osvaldo Orico.

CONTO: Ribeiro Couto, Roque Callage, Álvaro Moreira, Léo Vaz, Carvalho Ramos, Valdomiro Silveira, Godofredo Rangel, Humberto de Campos, Gustavo Barroso, Cornélio Pires.

ROMANCE: Manoel Antônio de Almeida, Rodolfo Teófilo, Léo Vaz, Hilário Tácito, Oswald de Andrade, Carlos Dias Fernandes, Mário Sete, José Antônio Nogueira, Godofredo Rangel, Veiga Miranda, Paulo Setúbal, Lima Barreto, Menotti Del Picchia, Júlio Ribeiro, Visconde de Taunay, Manuel Galvez, Canto e Melo, Afonso Schmidt, Coelho Neto.

OBRAS DE FILOLOGIA: João Ribeiro, Assis Cintra, Agenor Silveira.

SOCIOLOGIA: Oliveira Viana, Sampaio Dória.

ENSAIOS E ESTUDOS: Graça Aranha, Nestor Vitor, Martim Francisco, Alcides Maia, Miguel Osório de Almeida, Gilberto Amado, Almáquio Dinis, Amadeu Amaral, Fábio Luz, Artur Mota, João Pinto da Silva, Sud Menucci.

Além de livros técnicos de medicina, higiene, veterinária, contabilidade, gastronomia, educação, física, engenharia. história, política e viagens, com autores do porte de Paulo Prado, Saint Hilaire, Hans Staden, Rodolfo Teófilo, Afonso de Freitas. Psiquismo e ocultismo, direito e livros didáticos, enfim, não houve campo no terreno editorial a que a "Monteiro Lobato & Cia" e a "Cia. Gráfico-Editôra Monteiro Lobato", depois, não tivessem feito incursões.[47]

Alguns desses autores lançados por Lobato ainda fazem parte do cânone literário brasileiro. São autores cujos textos ainda circulam, cujas obras continuam sendo reeditadas, adaptadas e divulgadas. Podemos dizer que Lobato acertou em várias das escolhas que seu trabalho de editor obrigou-o a fazer.

Segundo a definição de Roger Chartier, o editor é "quem se encarrega de reunir o conjunto das seleções que devem ser feitas para publicar um livro: escolha do texto, escolha do formato, escolha em um certo sentido de um mercado por meio da publicidade e da difusão, o que significa que o editor desempenha um papel central para unificar todos os processos que fazem de um texto um livro".[48] Assim, com o exercício dessa atividade, Lobato passou por todos os processos de construção de um livro e contribuiu para o avanço do mercado editorial e do Sistema Literário brasileiro. Mais uma maneira de formar leitores, habituando-os ao consumo

47 CAVALHEIRO, Edgar. *Monteiro Lobato: vida e obra*, p. 249. v. 1.
48 CHARTIER, Roger. O autor e o editor. In: *Cultura escrita, Literatura e História*. Tradução de Ernani Rosa. Porto Alegre: ArtMed Editora, 2001. p. 50.

de livros bonitos, originais, bem preparados e divulgados através de um sistema original de propaganda.

Lobato inovou ao inserir opiniões de leitores em propagandas nos jornais, capas desenhadas por artistas plásticos renomados como Anita Malfatti, Di Cavalcanti e projetos gráficos ousados e originais em contraste com a monotonia das capas da época.

Mas a grande ideia de Lobato para o seu projeto de formação de leitores ocorreu em 1920. Foi uma ideia, ao mesmo tempo, de um comerciante, de um editor e de um artista da palavra. O faro comercial de Lobato indicou que os livros didáticos seriam um produto de rentabilidade imediata. O instinto de editor mostrou-lhe que era preciso oferecer algo diferente do material didático oferecido para as crianças brasileiras dos anos 20. O talento de escritor encontrou, em pouco tempo, a novidade que faltava para os livros didáticos e infantis do Brasil. Lobato descobriu que essa novidade chamava-se imaginação, matéria-prima dos pensamentos de uma criança. Foi na rua Boa Vista, número 52, em São Paulo, em plena atividade de editor da Monteiro Lobato & Cia, que ele deu início à sua escrita para crianças. Essa empreitada não foi uma atividade iniciada unicamente pelo puro desejo de escrever, mas sim como parte do projeto de um editor-autor que sabia exatamente o que deveria oferecer para seu público.

Escrever para crianças: um projeto que deu certo

Em São Paulo, no início dos anos 20, o presidente do Estado (cargo que hoje corresponde ao de governador do Estado), Washington Luís, acompanhado do então Secretário do Interior, Alarico Silveira, saiu a percorrer os grupos escolares da cidade. Em todas as visitas, notou que as crianças liam com muita atenção um livrinho muito sujo, surrado, gasto. Por vezes, não se davam conta da presença ilustre do presidente, tão concentradas estavam em suas leituras. O título do livro era *Narizinho arrebitado: segundo livro de leitura para escolas primárias*. Impressionado com a cena, Washington Luis disse ao seu secretário: "Se este livro anda assim tão escangalhado em tantos grupos, é sinal de que as crianças gostam dele. Indague de quem é e faça uma compra grande, para uso em todas as escolas." [49] O secretário obedeceu, entrou em contato com o autor e fez a compra de trinta mil exemplares do *Narizinho arrebitado*. Era o presidente do Estado atendendo ao pedido silencioso das crianças leitoras. Este episódio foi uma das primeiras manifestações do grande sucesso do projeto de vida de José Bento de Monteiro Lobato (1882-1948): fazer do Brasil um país de jovens leitores.

Os primeiros livros chegaram às escolas devido à ousadia de Lobato, que encomendou uma tiragem de 50,5 mil exemplares do *Narizinho arrebitado: segundo livro de leitura para escolas primárias*. Uma "avalanche nasal", como o próprio autor denominou. Dessa tiragem astronômica, até se compararmos com os dias de hoje, distribuiu uma parte entre as escolas, vendeu 30.000 exemplares para o governo e o resto foi vendido rapidamente nas livrarias de São Paulo. Hoje em dia, um exemplar desse livro é objeto de cobiça de colecionadores.

A primeira versão do livro *A menina do narizinho arrebitado* foi editada em 1920, tamanho 29 x 22 cm, com 43 páginas, ilustrado por Voltolino. O conteúdo não era totalmente inédito, parte das histórias já havia sido publicada na *Revis-*

---

49 CAVALHEIRO, Edgar. *Monteiro Lobato: vida e obra*. v. 2. São Paulo: Companhia Editora Nacional, 1955. p. 570.

ta do Brasil[50] com o título de "Lúcia, a menina do narizinho arrebitado". A edição vinha classificada como "livro de figuras, porque essa classificação já se incluía na nova diretriz pedagógica (a Escola Nova) que enfatizava a função da imagem nos livros infantis." [51] Precedendo a publicação dessas pequenas histórias, Lobato escreveu a seguinte nota:

> A nossa literatura infantil tem sido, com poucas exceções, pobríssima de arte, e cheia de artifício –, fria, desengraçada, pretensiosa. Ler algumas páginas de certos "livros de leitura" equivale, para rapazinhos espertos, a uma vacina preventiva contra os livros futuros. Esvai-se o desejo de procurar emoções em letra de forma, contrai-se o horror do impresso... Felizmente, esboça-se uma reação salutar. Puros homens de letras voltam-se para o gênero, tão nobre quanto qualquer outro.[52]

Em um trecho de carta para o amigo Godofredo Rangel, ele volta a comentar a literatura para crianças do início do século XX: "É de tal pobreza e tão besta a nossa literatura infantil, que nada acho para a iniciação de meus filhos. Mais tarde só poderei dar-lhes o *Coração,* de Amicis – um livro tendente a formar italianinhos..." [53]

O crítico José Veríssimo concordava com a preocupação de Lobato sobre a carência de uma literatura realmente brasileira que pudesse ser usada na educação das crianças. No texto *A educação nacional*, Veríssimo apresenta suas preocupações:

---

50 LAJOLO, Marisa. *Monteiro Lobato: um brasileiro sob medida*. São Paulo: Editora Moderna, 2000, p.59.
51 COELHO, Nelly Novaes. *Panorama histórico da literatura infantil/juvenil*. São Paulo: Editora Ática, 1991. 4º edição revista.
52 CAVALHEIRO, Edgar. op.cit., p.730.
53 LOBATO, Monteiro. *A barca de Gleyre*, v. 2.; p. 246.

São os escritores estrangeiros que traduzidos, trasladados ou, quando muito, servilmente imitados, fazem a educação de nossa mocidade. Seja-me permitida uma recordação pessoal. Os meus estudos feitos de 1867 a 1876 foram sempre em livros estrangeiros. (...) Acanhadíssimas são as melhorias desse triste estado de cousas, e ainda hoje a maioria dos livros de leitura, se não estrangeiros pela origem, são-no pelo espírito. (...) Nesse levantamento geral que é preciso promover a favor da educação nacional, uma das mais necessárias reformas é a do livro de leitura. Cumpre que ele seja brasileiro, não só feito por brasileiro, que não é o mais importante, mas brasileiro pelos assuntos, pelo espírito, pelos autores trasladados, pelos poetas reproduzidos e pelo sentimento nacional que o anime.[54]

Lobato, assim como Veríssimo, estava preocupado com a falta de opções de leituras para seus filhos pequenos porque não via, nas publicações brasileiras, nada que ele considerasse de qualidade para a educação das crianças. Uma crítica sobre livros vinda de Lobato precisa ser analisada não só como uma crítica estética de conteúdo, mas sim como a crítica a uma mercadoria oferecida aos consumidores. Lobato poderia estar se referindo aos temas, à linguagem, ao formato do livro, às ilustrações ou a todos esses aspectos. O que era, então, a literatura infantil brasileira antes dos livros de Monteiro Lobato? O que ele trouxe de diferente para essa história?

Para tentar responder, podemos dividir essa evolução dos livros para crianças, do final do século XIX até os primeiros livros de Lobato, em quatro passos: o primeiro, as traduções e adaptações de Carlos Jansen (textos, autores, editores e tradutor estrangeiros). O segundo passo foi a ini-

---

54 VERÍSSIMO, José. *A educação nacional*. Rio de Janeiro: Ed. Francisco Alves, 1906. p. 4.

ciativa de Pedro Quaresma (textos estrangeiros e brasileiros, autores estrangeiros e brasileiros, editor e tradutor brasileiros). O terceiro passo foi o conjunto de textos de Olavo Bilac, Coelho Neto, Júlia Lopes de Almeida, entre outros (textos, autores, editores brasileiros). O quarto passo foi o lançamento da literatura infantil escrita por Monteiro Lobato (textos, autor e editores brasileiros), com um novo olhar para o leitor infantil.

Sobre as traduções de Carlos Jansen e as publicações da Garnier e Laemmert, sabemos que suas restrições diziam respeito à distância entre estes textos e a realidade brasileira.

O segundo passo foi dado em 1879, alguns anos depois do início das atividades de Garnier e Laemmert. Pedro da Silva Quaresma fundou na Rua São José, no Rio de Janeiro, a Livraria do Povo, que vendia livros usados. Como era de costume entre os livreiros da época, Quaresma também dedicou-se à atividade de editor. Eram livros baratos, de apelo popular como *Arte de fazer sinais com o leque e com a bengala; Diccionario de flores, folhas e frutas; O padeiro moderno,* entre outros.

Prosseguindo o fio da história da literatura infantil brasileira, Pedro Quaresma deu um passo à frente e revolucionou o mercado nacional: contratou o autor Figueredo Pimentel para "abrasileirar" a linguagem das fábulas e contos infantis universais e lançou a Biblioteca Infantil Quaresma, com os livros *Contos da Carochinha (1894), Histórias da avozinha (1896), Histórias da Baratinha (1896), Álbum das crianças (1897), Teatrinho infantil (1897), O livro das crianças (1898), Os meus brinquedos (1898),* "que incluem textos da tradição europeia, histórias inspiradas no acervo lendário brasileiro e narrativas escritas pelo próprio Figueredo Pimentel".[55]

---

55 ZILBERMAN, Regina; LAJOLO, Marisa. *Um Brasil para crianças: para conhecer a literatura infantil brasileira: história, autores e textos.* São Paulo: Global, 1986. p.56.

Eram traduções e adaptações de fábulas estrangeiras, mas escritas por um brasileiro em português do Brasil e isso lhe garantiu o monopólio desse mercado no final do século XIX. No começo do século XX, em 1905, Quaresma lançou também a revista *Tico-Tico,* com seus personagens Chiquinho e Benjamim.

O terceiro passo foi uma literatura infantil brasileira, escrita por brasileiros, que tentava usar a leitura como instrumento de patriotismo e civismo, exaltando o orgulho pelo Brasil. Como exemplo dessas publicações, temos os *Contos infantis,* de Júlia Lopes de Almeida e Adelina Lopes Vieira (1886), *Pátria,* de João Vieira de Almeida (1889), *Por que me ufano de meu país,* de Afonso Celso (1901) e os *Contos Pátrios,* de Olavo Bilac e Coelho Neto (1904).

O quarto passo, a literatura infantil com liberdade e imaginação, é dado por Monteiro Lobato, com a saga do Pica-pau Amarelo. Sobre as novidades estéticas do texto de Monteiro Lobato, a pesquisadora Nelly Novaes Coelho destacou o pioneirismo "de abrir caminho para que inovações que começavam a se processar no âmbito da literatura adulta (modernismo) atingissem também a infantil." [56]

Um dos termômetros para avaliar se essas inovações funcionaram bem para o público infantil brasileiro foram as proporções de suas vendas e da recepção do público. A segunda versão, *Narizinho arrebitado,* teve uma tiragem de 50.500 cópias. Era uma brochura de 181 páginas, formato 18 x 23 cm, novamente com ilustrações de Voltolino. O anúncio do livro, publicado em abril de 1921 na *Revista do Brasil,* dizia:

> *Narizinho arrebitado,* por Monteiro Lobato. Edição escolar, completa. É um livro fora dos moldes habituais e feito com o exclusivo intuito de interessar a criança na literatura. O

---

[56] COELHO, Nelly Novaes. *Literatura Infantil: teoria, análise, didática.* São Paulo: Editora Moderna, 2002. p. 138.

livro que não interessa a criança é um mal: cria o desapego, quando não o horror à leitura. *Narizinho arrebitado* forma um volume de 181 páginas, em corpo 12, com todos requisitos didáticos e é magnificamente ilustrado com 114 desenhos de Voltolino. Preço: 2$500 [57]

Vale a pena destacar o contrato de impressão do livro na Cia. Paulista de Papéis e Artes Gráficas, no dia 18 de dezembro de 1920. A gráfica confirmou a contratação dos serviços com a seguinte carta:

> Pela presente confirmamos a encomenda que Vv. Ss. Nos confiaram de 50 mil exemplares de 1 livro escolar, impresso em papel de jornal, no formato e encadernação mais ou menos igual ao *Primeiro livro de leitura*, de João Kopke, edição de 1920, cujo exemplar Vv. Ss. nos entregaram para amostra, pelo preço de Rs: 29.800$000, preço feito para livro de 144 páginas (...) O tipo de composição será igual ao do livro *Saudade*, que estamos fazendo para o Sr. Tales de Andrade, de Piracicaba.[58]

Além desses 50.000 exemplares, posteriormente Lobato encomendou mais 500 para distribuição gratuita nas escolas. O sucesso do Narizinho escolar como Lobato o chamava, era apenas o início de sua carreira como autor infantil, que começou em 1920 e encerrou-se em 1944, quatro anos antes de sua morte.

Depois de iniciada a saga de Emília e sua turma com *A menina do narizinho arrebitado*, Lobato seguiu com as seguintes publicações para crianças:

---

57   CAVALHEIRO, Edgar. *Monteiro Lobato: vida e obra*. São Paulo: Companhia Editora Nacional, 1955. p. 578.

58   Idem, ibidem, p. 731.

A menina do narizinho arrebitado (1920)

O Saci (1921)

Aventuras de Hans Staden (1927)

Peter Pan (1930)

Reinações de Narizinho (1931)

Viagem ao céu (1932)

Caçadas de Pedrinho (1933)

História do mundo para as crianças (1933)

Emília no país da gramática (1934)

Aritmética da Emília (1935)

Geografia de Dona Benta (1935)

História das invenções (1935)

Memórias da Emília (1936)

Dom Quixote das crianças (1936)

Serões de Dona Benta (1937)

O poço do Visconde (1937)

Histórias da tia Nastácia (1937)

O Pica-pau amarelo (1939)

O Minotauro (1939)

Reforma da natureza (1941)

A chave do tamanho (1942)

Fábulas e histórias diversas

Os doze trabalhos de Hércules – 2 volumes (1944)

O garimpeiro do Rio das Garças (1924)

Uma fada moderna (1947)

A lampréia (1947)

No tempo de Nero (1947)

A casa da Emília (1947)

O centaurinho (1947)[59]

Em 1946, Lobato organizou uma publicação de sua obra completa para a Editora Brasiliense. O autor dividiu os livros em três séries:

---

[59] LAJOLO, Marisa. *Monteiro Lobato: uma brasileira sob medida*. São Paulo: Editora Moderna, 2000. (Os cinco últimos títulos da obra infantil não foram inclusos nas Obras Completas organizadas por Monteiro Lobato para a editora Brasiliense em 1946.)

1ª Série – Literatura Geral – 18 volumes.

1 – *Urupês* (1918)

2 – *Cidades mortas* (1919)

3 – *Negrinha* (1920)

4 – *Ideias de Jeca Tatu* (1919)

5 – *A onda verde* (1921) e *O presidente negro* (1926)

6 – *Na antevéspera* (1933)

7 – *O escândalo do petróleo* (1936) e *Ferro* (1931)

8 – *Mr. Slang e o Brasil* (1927) e *O problema vital* (1918)

9 – *América* (1932)

10 – *Mundo da Lua* (1923)

11 – *A barca de Gleyre*, 1º Tomo (1944)

12 – *A barca de Gleyre*, 2º Tomo (1944)

13 – *Prefácios e entrevistas* (1946)

14 – *Literatura do Minarete* (póstuma)

15 – *Conferências, artigos e crônicas* (póstuma)

16 – *Cartas escolhidas* – 1º TOMO (póstuma)

17 – *Cartas escolhidas* – 2º TOMO (póstuma)

18 – *Críticas e outras notas* (póstuma)

2º Série – Literatura Infantil – 17 volumes

1 – *Reinações de Narizinho* (1931)[60]

2 – *Viagem ao céu* (1932) e *O Saci* (1921)

3 – *Caçadas de Pedrinho* (1933) e *Hans Staden* (1927)

4 – *História do mundo para as crianças* (1933)

5 – *Memórias da Emília* (1936) e *Peter Pan* (1930)

6 – *Emília no país da gramática* (1934) e *Aritmética da Emília* (1935)

7– *Geografia de Dona Benta* (1935)

8 – *Serões de Dona Benta* (1937) e *História das invenções* (1935)

---

60   O livro *Reinações de Narizinho* é composto de onze histórias: "Narizinho arrebitado", "O Sítio do Pica-pau Amarelo", "O Marquês de Rabicó", "O casamento de Narizinho", "Aventuras do Príncipe", "O Gato Félix", "Cara de Coruja", "O Irmão de Pinocchio", "O Circo de Escavalinho", "Pena da Papagaio" e "O Pó de Pirlimpimpim".

9 – *Dom Quixote das crianças* (1936)

10 – *O Poço do Visconde* (1937)

11– *Histórias da tia Nastácia* (1937)

12 – *O Pica-pau Amarelo* (1939) e *Reforma da Nature-za* (1941)

13 – *O Minotauro* (1939)

14 – *A chave do tamanho* (1942)

15 – *Fábulas* (1922) e *Histórias diversas* (1944)

16 – *Os doze trabalhos de Hércules* 1º Tomo (1944)

17 – *Os doze trabalhos de Hércules* 2º Tomo (1944)

3º Série – Traduções e Adaptações – (9 volumes)

1 – *Contos de fadas*

2 – *Contos de Andersen*

3 – *Novos contos de Andersen*

4 – *Alice no país das maravilhas*

5 – *Alice no país do espelho*

6 – *Contos de Grimm*

7 – *Novos contos de Grimm*

8 – *Robinson Crusoé*

9 – *Robin Hood*

No tocante à divisão da 2ª Série, Literatura Infantil, é interessante notar que Lobato não organizou a sequência de livros em ordem cronológica.

Em entrevista a Silveira Peixoto, da *Gazeta Magazine*, publicada no livro *Prefácios e entrevistas*[61], Lobato fala sobre o processo de criação de sua literatura infantil:

– E os livros para crianças?

– Vieram como vêm as crianças. Um grão de pólen me caiu um dia em algum óvulo cerebral e gerou o primeiro – *A menina do narizinho arrebitado*. O começo foi esse...

– Por que preferiu um "narizinho arrebitado"?

61   O livro não apresenta a data da realização da entrevista.

– Não preferi... veio assim, de momento. Eu queria dar um traço característico, pitoresco, à minha pequena personagem. E que traço mais pitoresco que um narizinho arrebitado?

– Os outros?

– Que outros?

– Os outros livros para crianças?

– Vieram muito naturalmente, como vagões atrás de uma locomotiva. Tudo saiu de um narizinho...

– Como nasceu a Dona Benta?

– Eu andava no Colégio Paulista, em Taubaté. Nos colégios, os "maiores" nunca dão confiança aos "menores". E estes, por isso e outras razões, acham que aqueles são mesmo importantes – e vivem com os olhos neles. Ora, havia lá um rapaz chamado Pedro de Castro. Era um dos maiores e tinha a seu favor a particularidade de ser de Macaé ou Pati dos Alferes. Num colégio, o fato de um sujeito ser de uma terra que os outros não conhecem é bastante para dar-lhe um prestígio extraordinário. Eu era dos menores...

– Ele não dava confiança...

– Eu vivia a olhá-lo como quem vê um tipo importantíssimo. Esse Pedro de Castro costumava falar em sua avó, Dona Benta. Achei curioso o nome e mais tarde, quando precisei batizar a avó de Narizinho, foi a avó de Pedro de Castro quem me forneceu o nome...

– E nasceu Dona Benta! Mas tia Nastácia? Qual a sua história?

– Tive em casa uma Anastácia, ama do meu filho Edgard. Uma preta alta, muito boa, muito resmuguenta, hábil quituteira... Tal qual a Anastácia, ou a Nastácia dos livros...

Perguntei depois sobre o Visconde de Sabugosa. Lobato deixou de caminhar de um lado para outro. Senta-se... Dona Ester de Morais larga o tricô e toma a palavra:

– Naqueles tempos, na fazenda, as crianças costumavam brincar com bonecos de sabugo. Tomávamos um sabugo de milho e o vestíamos como se fosse uma boneca. (...)

– É. (Os sabugos) podem ter sido a matriz dessa ideia. E

também a Emília deve ser produto de uma reminiscência desses tempos... – concorda Lobato.

– Mas e o rinoceronte? Por que pôs um rinoceronte no sítio de Dona Benta? Um animal que não é brasileiro...

– Exatamente por isso. Para fazer uma coisa diferente. Resolvi arranjar um bicho contrário ao cachorrinho ou coelhinho clássicos. Mas na realidade eu não introduzi deliberadamente um rinoceronte em minhas histórias. Aquele rinoceronte fugiu certa vez de um circo no Rio de Janeiro, afundou no mato e foi parar no sítio de Dona Benta. De lá entrou muito naturalmente nos livros. Coisa muito mais do rinoceronte do que minha.[62]

Foram 24 anos dedicados à literatura para a infância, 23 livros, 4.683 páginas. Mas não foi uma dedicação exclusiva. Nesse ínterim, Lobato envolveu-se em campanhas pelo incentivo à descoberta do petróleo e à exploração do ferro no Brasil, trabalhou como editor, publicou livros para adultos, serviu ao governo brasileiro no Consulado do Brasil em Nova Iorque. Todas essas experiências foram levadas para os seus livros infantis. Ele não privou os seus pequenos leitores de participar de suas mudanças de perspectivas e projetos. Ao contrário, fez com que as crianças acompanhassem e acreditassem em suas ideias sobre o progresso.

O sucesso da obra infantil construída por Monteiro Lobato entre crianças e adultos, até os dias de hoje (2004), é fato incontestável. Antonio Candido considera que a literatura infantil é "talvez o mais difícil de todos os gêneros literários (...) gênero ambíguo, em que o escritor é obrigado a ter duas idades e pensar em dois planos".[63]

A prova desse reconhecimento pelo público está no nú-

---

62   LOBATO, Monteiro. *Prefácios e entrevistas*. São Paulo: Brasiliense, 12ª edição, 1969. p.173-175.

63   CANDIDO, Antonio. Sílvia Pélica na Liberdade. In: LAJOLO, Marisa; ZILBERMAN, Regina. *Um Brasil para crianças*. São Paulo: Global, 1986. p. 329.

mero de edições e reedições de sua obra, nas inúmeras adaptações do *Sítio do Pica-pau Amarelo* para a televisão e teatro, nas pesquisas acadêmicas e trabalhos ficcionais a partir da obra, nas diversas representações dos seus personagens em produtos infantis como jogos, brinquedos, material escolar, roupas, calçados, acessórios e gêneros alimentícios.

Lobato vivenciou este sucesso até o final dos anos 40. Viu o sonho de ser lido pelas crianças brasileiras tornar-se realidade. E isso o assustou. Como os livros seriam lidos? Como as suas mensagens chegariam até elas? Ao mesmo tempo em que estava feliz, tinha preocupações com a responsabilidade do fácil acesso de suas ideias à mente das crianças:

> Vim do Octalles. Anunciou-me que com as tiragens deste ano passo o milhão só de livros infantis. Esse número demonstra que meu caminho é esse – e é o caminho da salvação. Estou condenado a ser o Andersen dessa terra – talvez da América Latina, pois contratei 26 livros infantis com um editor de Buenos Aires. E isso não deixa de me assustar, porque tenho bem viva a recordação de minhas primeiras leituras. Não me lembro do que li ontem, mas tenho bem vivo o Robinson inteirinho – o meu Robinson dos onze anos.[64]

Monteiro Lobato acreditava no poder da leitura como formadora de mentalidades. Partia da própria experiência de leitor, de suas próprias memórias de leitura para analisar as suas escolhas e tornar-se mais consciente do seu trabalho. Dentre todas as atitudes pioneiras de Monteiro Lobato em diversos setores de sua atuação, a mais inovadora foi inserir a imaginação nas histórias para crianças. Se Lobato ainda recordava a leitura de *Robinson Crusoé*, isso signifi-

---

64   LOBATO, Monteiro. Carta de 28 de março de 1943. In: *A barca de Gleyre*. v. 2.

cava, para ele, que os livros da infância deveriam ser bons o suficiente para merecerem a presença na memória de um leitor por toda a sua vida, como formadores de consciência, sobretudo.

Se um autor de literatura infantil enxerga de forma clara as memórias da sua infância, se durante o processo de criação ele evoca a criança que foi, certamente conseguirá emprestar à sua escrita uma voz infantil sincera, facilmente reconhecida por seus leitores em formação.

Para Antonio Candido "O nosso amor pelos contos infantis, depois de adultos, é uma espécie de procura (...) duma posição inefável de simplicidade, em que as alegrias mais simples não fossem desperdiçadas pelo mal de pensar e de viver. Uma saudade não se sabe bem de quê, procurada em vão." [65]

As preocupações de Lobato não ficaram restritas aos conteúdos transmitidos, mas sim a uma postura do leitor frente aos textos. Como seria essa forma ideal de leitura? E como Lobato resolveu o problema de ensinar às crianças como se deve ler? As práticas de leitura de Lobato certamente foram para ele o parâmetro do que seria uma forma ideal de ler: vivenciando os textos. Monteiro Lobato permitia que os textos modificassem sua vida e consciência. As leituras não estavam presentes somente na escritura de Lobato, como uma influência por vezes identificável. Ele praticava o exercício de dialogar sobre os textos lidos, através das cartas com amigos e outros escritores, convertendo leitura em escrita, como um caminho natural.

Escrever sobre o que foi lido pode ser uma forma de cristalizar os conteúdos e reapresentá-los a si mesmo, fazendo com que aquelas ideias passem a fazer parte do seu texto, na concepção de Barthes, do repertório de cada leitor.

Assim, deixando que a leitura construa o seu Ego-men-

---

[65] CANDIDO, Antonio. op.cit., p.330.

tal, como chamou Lobato, ela automaticamente passa a fazer parte da vida. E se ela modifica as ações do leitor, cumpriu a sua missão: a leitura passa a ser uma *leitura-ação* e o receptor pode ser considerado um *leitor-agente*.

Acreditamos que esse *leitor-ação* era exatamente o leitor ideal para Lobato e que a leitura-ação era a prática que ele gostaria de ensinar. Para isso, usou sua principal personagem para dar o recado: Emília. Os exemplos de comportamento de Emília como leitora deixam claro que a *leitura-ação* parecia sempre mais atraente, pois transformava leitura em aventura. Ler para viver era uma das leis do Sítio do Pica-pau Amarelo.

3

A LEITURA NO SÍTIO DO PICA-PAU AMARELO

Quando eu aprendi a ler e a escrever eu devorava os livros!
Eu pensava que livro é como árvore, é como bicho: coisa que nasce!
Não descobria que era um autor. Lá pelas tantas, eu descobri que era um autor! Aí disse: eu também quero.

CLARICE LISPECTOR*

* Relato de Clarice Lispector. In: GOTLIB, Nádia Battella. *Clarice, uma vida que se conta*. São Paulo: Ática, 1995. p. 39.

Um projeto de saber complexo

A presença dos livros no Sítio do Pica-pau Amarelo é um dos elementos mais bem elaborados da obra de Monteiro Lobato. Os moradores do Sítio convivem de forma positiva com a leitura. Naturalmente, todos gostam de ler, respeitam os livros e reconhecem a leitura como parte do cotidiano.

Quanto mais leem, mais sabem. E quanto mais sabem, mais brincam, mais vivem aventuras e mais querem saber. É assim que funciona a dinâmica da aprendizagem no Sítio. No lar de Dona Benta, perguntar é normal e toda pergunta é respondida com atenção. A curiosidade das crianças é estimulada, não há medo de formular questões, por mais absurdas que possam parecer.

Durante os serões, conversas e viagens, os esclarecimentos apresentados pelos três sábios do Sítio – Dona Benta, Visconde e Quindim – são baseados em leituras prévias. Fica claro para o leitor que esses três personagens são cultos porque gostam de estudar nos livros. Para a criança, uma mente em formação, é uma mensagem importante.

O método de aprendizagem começa com a pergunta, com a vontade de saber; passa pela resposta, advinda da leitura e culmina na forma de vivenciar esse aprendizado, imaginando a partir do tema aprendido. Lobato disse, em carta a Godofredo Rangel, que a criança é feita de "fisiologia e imaginação". A fisiologia são os sentidos para ver, ler, alimentar-se, caminhar, correr, falar. A imaginação cuida de todo o resto, dinamiza e catalisa as experiências.

A atualidade com que Monteiro Lobato trata assuntos como formação de mentalidades, leitura e conhecimento são sempre surpreendentes para o pesquisador. Uma dessas surpresas, descoberta no decorrer de nossa pesquisa, foi perceber como as ideias de Lobato são semelhantes às do educador francês Edgar Morin.

Considerado um dos principais pensadores da educação para o novo milênio, o francês Edgar Morin elaborou uma série de estudos, divulgados principalmente através da Organização das Nações Unidas para Educação, Ciência e Cultura – UNESCO, para apresentar ideias sobre a construção de um *saber complexo*. O texto principal de Morin para apresentação dessa proposta chama-se "Os sete saberes necessários para a educação no novo milênio".

Para ele, um dos desafios da educação nos séculos XX e XXI é religar os saberes e não compartimentá-los, como acontece na formação escolar e universitária nos moldes atuais. Morin diz que "essa separação e fragmentação das disciplinas é incapaz de captar 'o que está tecido em conjunto', isto é, o complexo, segundo o sentido original do termo".[1] A consequência está no fato de que os problemas planetários estão se tornando multidimensionais e as mentes, acostumadas com o pensamento compartimentado, não conseguem encontrar soluções para problemas complexos. O principal fio dessa teia de saberes deveria religar, segundo Morin, a cultura humanista e a cultura científica:

> A cultura humanista é uma cultura geral que, por meio
> da filosofia, do ensaio e da literatura coloca problemas hu-

---

1   MORIN, Edgar. *Os sete saberes e outros ensaios*. São Paulo: Cortez Editora, 2000. p. 16.

manos fundamentais e incita à reflexão. A cultura científica suscita um pensamento consagrado à teoria, mas não uma reflexão sobre o destino humano e sobre o futuro da própria ciência. A fronteira entre as duas culturas atravessa toda a Sociologia que, no entanto, continua a mantê-las separadas, ao invés de tecer um fio capaz de uni-las.[2]

Um passeio por uma prateleira, lendo os títulos da obra infantil de Monteiro Lobato, já anuncia uma semelhança entre esse autor e o pensador Edgar Morin. Aritmética, gramática, geografia, história das invenções, história do mundo, literatura clássica, geologia foram alguns dos assuntos abordados mais diretamente por Lobato em sua obra infantil.

As obras estão compartimentadas, em livros separados, mas o texto e a ordem dos acontecimentos vão religando as experiências e os saberes de forma acumulativa, somando os conhecimentos no decorrer da obra, apresentando o amadurecimento dos personagens em relação aos conteúdos já conhecidos. Nas contracapas dos livros de Lobato publicados pela Companhia Editora Nacional, que compuseram a Biblioteca Pedagógica Brasileira, lia-se uma obervação: "Estes livros de Lobato devem possuir uma continuidade episódica e devem ser lidos na seguinte ordem".[3] Essa observação, feita pelo autor e, ao mesmo tempo, editor, Monteiro Lobato, indica a sua consciência da continuidade e da unidade de seu texto.

Logo no início do livro *Serões de Dona Benta,* o narrador diz que "Dona Benta havia notado uma mudança nos meninos depois da abertura do Caraminguá nº 1, o primeiro poço de petróleo do Brasil. Aprenderam um pingo de geologia e ficaram ansiosos por mais ciência." O autor coloca uma nota de rodapé fazendo referência ao livro *O poço do Visconde.*

2   Idem, ibidem, p.18.
3   PENTEADO, José Roberto Whitaker Penteado. *Os filhos de Lobato.* São Paulo: Dunya Editora, 1997.

Esse caso exemplifica a preocupação de Lobato com a continuidade da leitura de sua obra e com o fluxo de ideias para a aquisição do conhecimento científico.

A seguir, Pedrinho diz: "Sinto uma comichão no cérebro – disse Pedrinho. Quero *saber coisas*. Quero saber tudo quanto há no mundo..." ao que Dona Benta responde; "Muito fácil, meu filho (...) A ciência está nos livros, basta que os leia". Mas Pedrinho discorda:

> – Não é assim, vovó –, protestou o menino. Em geral os livros de ciência falam como se o leitor já soubesse a matéria de que tratam, de maneira que a gente lê e fica na mesma. Tentei ler uma biologia que a senhora tem na estante, mas desanimei. A ciência de que gosto é a falada, a contada pela senhora, clarinha como água do pote, com explicações de tudo quanto a gente não sabe, pensa que sabe, ou sabe mal e mal.[4]

A crítica de Pedrinho pode ser lida como uma apresentação do autor ao livro que está começando. Os *Serões de Dona Benta* têm a proposta de continuar apresentando a ciência de modo agradável, contada de forma clara pela grande narradora Dona Benta Encerrabodes de Oliveira. A discussão da forma de apresentação das ciências aos alunos, do material didático às práticas de ensino, já existia no tempo de Lobato e persiste nas considerações de Morin.

Narizinho, em seguida, faz uma colocação que coincide com o centro das ideias de "saber complexo" de Edgar Morin:

> – Outra coisa que não entendo – disse Narizinho, é esse negócio de várias ciências. Se a ciência é o estudo das coisas do mundo, ela devia ser uma só, porque o mundo é um só. Mas vejo física, geologia, química, geometria, biologia – um bandão enorme. Eu queria uma ciência só.

4   LOBATO, Monteiro. *Serões de Dona Benta*, p. 3.

– Essa divisão da ciência em várias ciências – explicou Dona Benta –, os sábios a fizeram para comodidade nossa. Mas quando você toma um objeto qualquer, nele encontra matéria para todas as ciências. Este livro aqui, por exemplo. Para estudá-lo, sob todos os aspectos, temos de recorrer à física, à química, à geometria, à aritmética, à geografia, à história, à biologia, a todas as ciências, inclusive a psicologia que é a ciência do espírito porque o que nele está escrito são coisas do espírito.

Completando o pensamento de Narizinho, Morin diz que "a atitude de contextualizar e globalizar é uma qualidade fundamental do espírito humano, que o ensino parcelado atrofia e que, ao contrário disso, deve ser sempre desenvolvida. O conhecimento torna-se pertinente quando é capaz de situar toda a informação em seu contexto e, se possível, no conjunto global no qual se insere".[5]

Lobato, na fala de Dona Benta, antecipa o pensamento de Edgar Morin e ensina que toda investigação deve ser complexa e que para isso o investigador deve ter um conhecimento complexo das ciências. Para formar novas mentalidades, que tenham inclinação para acomodar sem estranhamentos essa noção de saber integrado, Lobato fez sua parte apresentando, de forma agradável, diversos ramos da ciência associados às aventuras do pessoalzinho do Sítio.

Morin propõe "uma reforma do ensino" concebida como "reforma do pensamento", iniciada na escola primária (no Brasil, Ensino Fundamental) e levada para a escola secundária (Ensino Médio): "O ensino primário partiria das grandes interrogações da curiosidade infantil, que dever-se-iam manter igualmente como interrogações dos adultos: 'Quem somos, de onde viemos, para onde vamos'. Esta é a

---

5   MORIN, Edgar, *Os sete saberes e outros ensaios*, p. 18.

interrogação do ser humano, a ser visualisada em sua dupla natureza biológia e cultural".[6]

As grandes interrogações da curiosidade infantil estão fortemente presentes na obra de Lobato. "Quem somos? De onde viemos? Para onde vamos?" são perguntas que se desdobram em várias outras, pois podem ser respondidas de acordo com o contexto biológico, social, histórico, filosófico. As respostas de Lobato estão no resgate das origens do pensamento grego; na descrição da história do mundo; do descobrimento do Brasil; na explicação do funcionamento das glândulas; na mudança do tamanho dos seres humanos, (provocando uma reflexão sobre nossa condição biológica); no resgate das raízes culturais e folclóricas brasileiras através das histórias populares, mitos e lendas; e no questionamento do destino dos homens (para onde vamos?) presente nas críticas às guerras e conflitos entre nações.

Continuando a proposta de Morin, depois da etapa do ensino fundamental, onde as perguntas das crianças seriam respondidas, no ensino secundário, ou ensino médio, chega a hora de compreender a complexidade mais de perto:

> O ensino secundário é o lugar da verdadeira cultura geral, que estabelece o diálogo entre a cultura das humanidades e a cultura científica, não apenas levando em conta uma reflexão sobre o conhecimento adquirido e o futuro das ciências, mas também considerando a literatura como escola e experiência de vida. A História deveria desempenhar um papel-chave na escola secundária, ao permitir que o aluno se incorporasse à história de sua nação, e se situasse no devir histórico da humanidade, que compreendesse e assimilasse um conhecimento que se tornou demasiado complexo para abarcar todos os aspectos da realidade humana.[7]

6   Idem, ibidem, p.23.

7   Idem, ibidem.

Essas ideias estão no universo do Sítio de forma muito constante. A literatura como escola e experiência de vida será tratada nesse capítulo, a partir da explicação da leitura como estopim das aventuras e vivências dos pica-paus e da exemplificação dos conceitos de *leitura-ação* e *leitor-agente*.

A incorporação do aluno à História, proposta por Morin, acontece durante as viagens dos pica-paus para conhecer o mundo, com destaque especial para a Grécia, vivenciando as culturas e compreendendo melhor a identidade brasileira. Uma das principais viagens, no livro *Geografia de Dona Benta,* acontece apenas na imaginação de todos – uma excelente sugestão para o educador do futuro: imaginar junto com os alunos.

Dona Benta, fonte inesgotável de conhecimento, resolveu o problema colocado por Edgar Morin, "quem educará os educadores?" [8] , fazendo exatamente o que Morin propõe: "é necessário que [os educadores] se autoeduquem e eduquem escutando as necessidades que o século exige, das quais os estudantes são portadores." Dona Benta, como educadora, tem muito apreço pelas solicitações de sua audiência. Ela não é repressora, não desrespeita opiniões e atende aos pedidos de leitura e explicação que quase sempre partem de seus netos. Ela se deixa atualizar através deles, aceitando as novas ideias, sem insistir na imposição de suas opiniões.

Toda a teoria do saber complexo e a busca pela reforma do pensamento, tanto para Morin como para Lobato, apresenta uma necessidade social chave: "formar cidadãos capazes de enfrentar os problemas de seu tempo." [9] Morin acredita ainda que

> não é mais suficiente problematizar unicamente o homem, a natureza, o mundo e Deus, mas é preciso problematizar

8   Idem, ibidem, p.21
9   Idem, ibidem, p.24.

o que traria soluções para os problemas da ciência, da técnica, do progresso, o que acreditávamos que era a razão e que, comumente, não era nada mais do que uma racionalização abstrata.[10]

O texto de Lobato concorda com essa afirmação de Morin em diversos momentos diferentes. O conhecimento para os "pica-paus" tem, quase sempre, uma funcionalidade. Visconde estuda geologia para descobrir petróleo e trazer o progresso para o Brasil, no livro *O poço do Visconde.* No livro *História do mundo para as crianças,* Emília, ao ouvir a história mundial contada por Dona Benta, chega à conclusão de que as crianças precisam consertar o mundo. O conhecimento é aplicado, ou pelo menos é pensado, para o bem comum. Nos *Serões de Dona Benta* e em *História das invenções,* a investigação e pesquisa científica são estimuladas para serem aplicadas em *Reforma da natureza* e *Chave do tamanho.* Aliás, Emília aplica as suas reformas justamente quando Dona Benta, Visconde e tia Nastácia são chamados para representar a Humanidade e o Bom Senso na Conferência de Paz de 1945. Esse convite foi feito às duas senhoras a partir da observação de como elas conseguem administrar com competência o universo do Sítio.

Emília, Narizinho, Visconde, Pedrinho, Dona Benta e tia Nastácia, na condição de alunos e leitores, podem ser considerados como "cidadãos capazes de enfrentar os problemas de seu tempo". E os leitores de hoje, também o são? Os atuais receptores das ideias de Lobato apresentam condições de pensar os problemas e encontrar maneiras de superá-los? Os nossos alunos conseguem pensar em complexidade? Eles são preparados e estimulados para isso?

Lobato não apenas é atual como necessário. Um professor

10 Idem, ibidem, p.21.

preparado pode, a partir da obra lobatiana, apresentar aos alunos uma preparação para enfrentar os problemas do futuro.

Ler e viver na obra de Lobato

Todas as ideias de Lobato sobre o conhecimento e sua aplicação, que propõem uma prática semelhante ao pensamento de Edgar Morin, são embasadas nas práticas de leitura, no exemplo de uma forma de ler que modifica o leitor e o convoca a participar, a atuar: uma *leitura-ação*.

A partir desse ponto de vista, o projeto de formação de leitores-agentes na obra de Lobato, propomos uma classificação dos livros de acordo com o lugar da leitura no texto em questão. Algumas divisões já foram feitas por outros pesquisadores, mas levando em conta outros aspectos. A pesquisadora Zinda Maria de Vasconcelos classifica a obra em três grupos: ficcionais, paradidáticos e adaptações de outras narrativas. A professora Eliana Yunes considera impossível uma divisão clara, "pois o autor acolhe todas as fantasias, no sítio, e mesmo quando incursiona pela didática ou narra o anteriormente narrado, conserva os personagens do seu mundo ficcional como condutor (sic) crítico do texto".[11]

Nossa proposta de classificação foi pensada a partir do papel da leitura na condução dos enredos e das diferentes formas de recepção dos personagens a partir da leitura. Dividimos os livros em quatro grupos: Leitura para o exercício crítico; Leitura que inspira aventura; Leitura e escrita; Imaginação e aventura.[12]

11 YUNES, Eliana. *Apud* PENTEADO, J. Roberto Whitaker. op. cit. p. 168.
12 A divisão foi feita a partir dos livros que compuseram as Obras Completas, organizadas pelo próprio Lobato para a Editora Brasiliense.

Os livros classificados na categoria "Leitura para o exercício crítico" têm em comum o fato de serem uma narrativa ouvida, analisada e criticada pelos leitores do Sítio, sem que haja na continuidade da narrativa alguma aventura imediata. A leitura é feita em casa, onde permanecem do início ao fim – o que não faz desses textos um caso de leitura passiva, muito ao contrário. As críticas realizadas pela audiência chegam a ser extremamente radicais e modificadoras. O principal caso é o livro *Dom Quixote das crianças*, que será analisado no decorrer deste capítulo justamente por exemplificar uma forma de *leitura-ação*. A ação, nesse grupo de livros, está no exercício crítico, comparativo, no julgamento feito pelos leitores.

No segundo grupo, "Leitura que provoca a ação", foram escolhidos aqueles livros em que os leitores partem para a aventura diretamente inspirados por uma leitura prévia. A aventura pode acontecer fora ou dentro do Sítio, pode ser uma viagem real ou imaginária, mas que se configura pelo desafio, desbravamento, ousadia, pela vontade de fazer algo, de modificar o mundo e, em alguns casos, pelo perigo.

O terceiro grupo, "Leitura e escrita", é composto por apenas um livro, *Memórias da Emília,* o único da série que trata diretamente da prática da escrita, problematizando questões como autoria, texto biográfico, verossimilhança, entre outros.

E por fim, no grupo "Fantasia e Aventura", estão presentes os livros que não trazem uma relação imediata com a leitura, mas que apresentam relações indiretas. São livros por cujo enredo passa a relação dos personagens com outros elementos, como a natureza (a floresta, o ribeirão) a cultura popular (o Saci) e a pura imaginação, que permeia toda a obra de Lobato. Nesse grupo existe a leitura, mas a leitura de outras fontes, não diretamente dos livros.

É importante ressaltar que as categorias que criamos

não são conceitos estanques. Um livro como *O poço do Visconde* que classificamos como "Leitura que provoca ação" pode apresentar também o caráter de "Leitura para um exercício crítico". O que fizemos foi destacar os pontos mais marcantes da relação entre o texto e seus receptores para apresentar, de forma mais clara, as ideias sobre a funcionalidade da leitura na obra de Lobato.

Listaremos a seguir as quatro categorias de classificação, resumindo a relação de cada um dos textos com o livro, a leitura e os leitores:

Categoria 1
LEITURA PARA UM EXERCÍCIO CRÍTICO

HISTÓRIAS DE TIA NASTÁCIA – Como o título sugere, tia Nastácia é a narradora principal deste livro. Pedrinho teve a ideia de "espremer tia Nastácia para tirar o leite do folclore que há nela". O tema das narrativas são histórias populares que tia Nastácia conhece desde pequena, como um "dicionário de histórias folclóricas". As histórias foram escolhidas pelo autor a partir das pesquisas de Sílvio Romero. O público leitor do Sítio escuta e critica as histórias sem nenhuma piedade, chegando a fazer críticas fortes à cultura popular e declarando a preferência pelos livros clássicos e bem escritos. Narizinho declara que depois que leu *Peter Pan* ficou exigente, fazendo uma referência às suas leituras anteriores. Emília diz que, às histórias populares, prefere as de Andersen, as do autor de *Peter Pan* e as do tal Carroll, que escreveu *Alice no país das maravilhas*.

Emília é uma leitora atenta que percebe algumas características das histórias populares, como a alteração sofrida na circulação dos enredos no imaginário popular; as semelhanças de temas entre elas, parecendo que são todas iguais;

a fantasia sem lógica, ou "sem pé nem cabeça", como Emília disse; a explicação de que Andersen, por exemplo, escreveu suas histórias a partir do imaginário popular.

Um ponto interessante é quando Emília diz que "este livro vai ser só das histórias populares do Brasil, mas depois havemos de fazer um só de histórias compostas por artistas, lindas, cheias de poesia e mimos, como aquela do *Príncipe feliz* do tal Oscar Wilde."

Vemos que Emília parece ter consciência de que os fatos ocorridos no Sítio são registrados e publicados e que, junto com o autor, os personagens constroem as histórias. Ela se porta como uma crítica, uma comentarista que está contribuindo com esse livro fazendo comentários e análises. Além disso, ela ainda planeja livros para depois e cita a sua leitura prévia de *O Príncipe feliz*.

Ao final do livro, Narizinho sentencia: "Histórias do povo não quero mais. De hoje em diante, só as assinadas pelos grandes escritores. Essas é que são as artísticas." [13] A apresentação das histórias populares desperta diferentes efeitos, de acordo com o horizonte de expectativa de cada um dos leitores. A discussão desses efeitos entre a audiência confere o caráter de leitura crítica a essa obra. Mas não há indícios de uma leitura-ação.

FÁBULAS – Nesse livro, não há uma introdução explicando a fonte de pesquisa da narradora, Dona Benta. O texto já começa com a fábula "A cigarra e as formigas".

Emília pergunta se quem inventou as fábulas foram os próprios animais. Mas Dona Benta explica que "quem inventou a fábula foi o povo, e os escritores as foram aperfeiçoando. A sabedoria que há nas fábulas é a mesma sabedoria

---

13   LOBATO, Monteiro. *Histórias de tia Nastácia*, p. 208.

do povo, adquirida à força das experiências." [14] Quando comenta a fábula "O lobo e o cordeiro", Dona Benta diz que foi escrita por La Fontaine.

A quarta fábula, "Américo Pisca-Pisca", foi escrita pelo próprio Lobato e conta a história de um homem que pensa em reformar a natureza, mas acaba desistindo da ideia por achar que as coisas estão no seu lugar certo. Durante os comentários, Emília anuncia que não concorda e que pretende reformar a natureza – o que será feito no livro *A reforma da natureza* – e que pretende também acabar com o tamanho das coisas – o que ela também realizará no livro *A chave do tamanho*. Emília por várias vezes cita Sócrates em suas considerações sobre as fábulas.

Ela anuncia que vai escrever a fábula "Os netos da coruja", outra sobre um pombinho viajante, sobre a expressão "pagar o pato"; Pedrinho, mais modesto, limita-se ao projeto de alterar o nome de uma das fábulas. O ponto alto do efeito das fábulas sobre o público acontece quando Emília lidera um "linchamento" da fábula "O olho do dono", que narra o caso do dono de um estábulo que mata um lindo veadinho. Ao final, Pedrinho pede que Dona Benta encerre a narração das fábulas, pois já estão todos "empanturrados", com a "cabeça cheia de moralidades". Dona Benta pede a cada um que diga o que concluiu a partir das fábulas. Pedrinho diz que a vantagem é que são todas curtas. Narizinho diz que são todas "sabidíssimas" e que a moralidade fica na memória. Emília diz que as fábulas são "indiretas para um milhão de pessoas". Visconde conclui duas coisas: que o mundo é dos fortes e que o único meio de derrotar a força é a astúcia. Emília encerrou a análise das fábulas fazendo uma analogia entre a ordem de importância das fábulas e o sistema solar: "Seria a fábula do Lobo e do Cordeiro girando em redor do

14   Idem. *Fábulas*, p.82.

sol que nem planeta, com todas as outras fábulas girando em redor dela que nem satélites".[15]

A postura de Emília como leitora nesse livro é interessante. Ela deixa-se emocionar pelas fábulas, sente admiração, raiva e revolta. Chega a liderar um linchamento por não concordar com a injustiça de atirar em um veadinho.

A partir da leitura, Emília sente-se inspirada a escrever suas próprias fábulas, transmitir as suas lições particulares de moralidade. Para concluir, mostrou competência como leitora ao fazer analogias e extrair o ensinamento principal das fábulas: a importância da esperteza, que só reforça o que ela já pensava sobre isso. Emília já havia declarado que, se tivesse um filho, só lhe daria um conselho: "seja esperto, Emilinho".

A boneca Emília demonstra um nível de leitura e análise competente, realizando uma *leitura-ação* na medida em que pretende, a partir dos textos apreendidos, contruir os seus próprios textos, com sua própria visão de mundo.

HANS STADEN – no início do livro há um prefácio não assinado, mas provavelmente escrito por Lobato, comentando a importância desta adaptação do livro de Hans Staden, afirmando que "anos atrás tivemos a ideia de extrair do quase incompreensível e indigesto original de Hans Staden esta versão para as crianças".[16]

Emília, a princípio não está na sala para ouvir a história, mas Narizinho lembra do quanto ela gosta de ouvi-las e vai buscar sua bonequinha.

No meio das explicações, Narizinho pergunta a Dona Benta:

15   Idem, ibidem, p. 188.

16   Idem, *Hans Staden*, p. 119.

– Onde a senhora aprendeu tanta coisa, vovó? – quis saber Narizinho.

– Lendo e vivendo, minha filha. Mas o que sei é nada; parece alguma coisa para vocês, crianças que quase nada sabem; mas diante do que sabe um verdadeiro sábio; como aquele Darwin da *Viagem ao redor do mundo,* que eu quero que vocês leiam, minha ciência é igual a zero.[17]

Nesta resposta de Dona Benta estão contidas ideias muito importantes sobre os livros, a leitura, o processo do conhecimento. Quando essa experiente narradora diz que aprendeu "lendo e vivendo", sem dissociar as coisas, há uma indicação de que a leitura e a vida estão intimamente associadas e de que as duas se completam na formação da mentalidade. A seguir, Dona Benta mostra-se consciente de que ainda tem muito o que aprender, cita o livro de um sábio – indicando que gostaria que os netos lessem e compara-se a ele, dizendo que sua ciência é "igual a zero". Para os leitores do Sítio, Dona Benta é o exemplo da sabedoria. Se ela diz que ainda há muito o que aprender e mostra-se motivada a prosseguir na aventura do conhecimento, provavelmente os seus leitores irão sentir a mesma motivação e a mesma consciência de que tudo o que se sabe ainda é pouco diante do que existe para saber.

No meio da leitura, a narradora apresenta alguns termos técnicos, esclarece o que é uma epopeia, explica o significado de palavras de origem indígena. A modificação acontece em Pedrinho, que diz que não comerá mais carne vermelha depois de ler a história de Hans Staden. Emília não se empolgou com a leitura. O livro termina com um bocejo da boneca, que não participa dos comentários. Por que Emília não teria gostado dessa história?

17   Idem, ibidem, p.139.

HISTÓRIA DAS INVENÇÕES – é uma adaptação da obra *A história das invenções do homem, o fazedor de milagres* (1921), de Hendrik Willen Van Loon. No começo do livro, há uma conversa entre Pedrinho, Narizinho e Dona Benta sobre a dificuldade de compreender os livros de ciência. Dona Benta propõe contar a história das invenções de forma mais clara e prossegue nesse objetivo em todo o livro.

DOM QUIXOTE DAS CRIANÇAS – As considerações sobre a recepção desse livro serão feitas separadamente, no capítulo final da dissertação.

SERÕES DE DONA BENTA – O livro começa quando Pedrinho e Narizinho pedem para conhecer mais sobre as ciências, reclamando da dificuldade de ler e compreender os livros que tratam desse tema. Dona Benta inicia os serões, mas sem citar uma fonte de leitura específica. Ela comenta sobre a obra de autores, informações de jornais, mas fica claro que essas aulas de ciência baseiam-se em preparações anteriores. Emília, Pedrinho e Narizinho participam, mas sem grandes contestações, apenas tentando compreender as leis da ciência, aplicando-as em suas vidas práticas.

Categoria 2

LEITURA QUE PROVOCA AÇÃO

GEOGRAFIA DE DONA BENTA – Mais uma vez, o livro começa a pedido dos leitores. "Depois que Dona Benta concluiu a história do mundo contada à moda dela, os meninos pediram mais. Conte a história da geografia – pediu Pedrinho, que andava sonhando com viagens por países estrangeiros".[18]

---

18   Idem. *Geografia de Dona Benta*, p. 3.

Vemos novamente a associação a outro livro de Lobato, reforçando a ideia de uma sequência. Quando o narrador menciona a história do mundo, há uma nota de rodapé explicando que se trata de uma referência ao livro *História do mundo para as crianças*, quarto volume da coleção.

Logo que o pedido é feito, Dona Benta começa sua aula. Algumas páginas adiante, Emília tem a ideia de transformar aquela aula e aquela leitura em aventura a bordo de um barco imaginário, "O terror dos mares" para conhecer de perto tudo o que o livro descreve.

Segundo o pesquisador J. Roberto Whitaker Penteado, "parece tratar-se de outra adaptação da obra de V.M. Hillyer: *A child's geography of the world* (1929) embora o próprio Lobato faça menção de que se trata de obra original de Van Loon".[19] No próprio texto, não há referências ao livro. A princípio, Dona Benta narra a geografia do mundo a partir de seu próprio conhecimento – proveniente dos livros.

Nesse livro, mais uma vez, Emília anuncia a escrita de suas memórias, que seriam publicadas no ano seguinte, 1936.

POÇO DO VISCONDE – A abertura do livro é feita por um narrador, que comenta as leituras da casa. Dona Benta está lendo *Man, the unknown*, do fisiologista Alex Carrel, Pedrinho está lendo um jornal, e Visconde está lendo um livro de geologia. Coincidentemente, Pedrinho lê um artigo sobre petróleo. Junto com Visconde, decide começar um curso de geologia no Sítio para depois procurar petróleo nas propriedades de Dona Benta. Graças a um excelente trabalho em equipe, eles superam as sabotagens e descobrem o poço Caraminguá 1, o primeiro do Brasil. Aqui a leitura é pensada, compartilhada com todos e convertida em ação e modificação não só para os leitores diretos, mas para todos os que estão próximos.

---

19   PENTEADO, José Roberto Whitaker. *Os filhos de Lobato*. op. cit. p. 196.

PETER PAN – O narrador inicia o livro relembrando que, em *Reinações de Narizinho*, quando um dos palhaços do circo desapareceu no Sítio, o gato Félix acusou um tal de *Peter Pan*. "Mas quem era Peter Pan? Ninguém sabia, nem a própria Dona Benta, a velha mais sabida de quantas há." [20] Emília logo cobrou que Dona Benta descobrisse tudo sobre Peter Pan. De imediato, ela escreveu a uma livraria de São Paulo e encomendou o livro. Dias depois, recebeu *Peter Pan and Wendy*, de J. M. Barrie.

Dona Benta, sentada na cadeira de pernas serradas, começou a leitura. A história de Peter Pan influenciou tanto os leitores, que Emília passou a cortar a sombra de tia Nastácia, Pedrinho identificou-se com a vontade de não crescer nunca, e Peter Pan passou a fazer parte do imaginário do pessoalzinho do Sítio, voltando outras vezes para outras aventuras.

CHAVE DO TAMANHO – Ao ouvir Pedrinho ler, em voz alta, uma notícia de jornal sobre os horrores da Segunda Guerra, Emília tem a ideia de tomar alguma providência e decide desligar a "chave da guerra". Com uma pitada do poderoso superpó, chega até a casa das chaves e desliga, por engano, a chave do tamanho. A guerra, mesmo acontecendo tão longe, atinge o coração de todos no Sítio através da leitura. Emília toma uma decisão corajosa, que afetaria o mundo inteiro, a partir do ato de ler.

REFORMA DA NATUREZA – Emília decide reformar a natureza depois de "ler com os ouvidos" a fábula de Américo Pisca-Pisca, um sujeito que, como ela, não estava conformado com a ordem das coisas. O livro é um dos principais alvos de sua reforma. Para incentivar a leitura, ela resolve criar os livros comestíveis, com sabores diferentes: café, pão, sopa,

---

20 LOBATO, Monteiro. *Peter Pan*, p. 149.

sobremesa. Essas ideias surgem quando Emília está sozinha no Sítio, sem a influência de Dona Benta, o que demonstra que, para ela, a importância da leitura é algo forte e bem edificado, independente das influências.

HISTÓRIA DO MUNDO PARA AS CRIANÇAS – Este livro é, "de acordo com a introdução da primeira edição, de 1933, uma adaptação livre de *A child's history of the world (1924)*, de V. M. Hillyer, identificado no texto como diretor da Calvert School, de Baltimore."[21] Dona Benta recebe esse livro de um livreiro da capital. Leu também outros livros da biblioteca que faziam relação com ele e, a partir do dia seguinte, contou a história para as crianças. Durante a leitura, Dona Benta conta a história da invenção da imprensa e conversa sobre livros. Diz também que a leitura de *Viagens de Marco Polo*, bem como a leitura das ideias dos filósofos gregos, que afirmavam que a terra era redonda, foram algumas das inspirações para as grandes navegações, que levaram aos descobrimentos.

Emília está presente em quase toda a leitura da história do mundo, mas atrapalha muito com suas asneiras e é retirada da sala três vezes. Uma de suas reinações é desenhar um bigode no livro *Dom Quixote,* que pertence a Narizinho. Durante todo tempo, Emília é irônica e faz pouco caso da leitura. Parece não a levar a sério. Mas, ao final, surpreende quando chama Pedrinho para ter uma conversa e diz:

> – Nós precisamos endireitar o mundo, Pedrinho.
> – Nós quem, Emília?
> – Nós, crianças; nós que temos imaginação. Dos adultos nada há a esperar... [22]

---

21 PENTEADO, J Roberto Whitaker. *Os filhos de Lobato.* op. cit. p.194.
22 LOBATO, Monteiro. *História do mundo para as crianças*, p. 277.

Emília fica impressionada com as desgraças contadas por Dona Benta sobre guerras, mortes e batalhas. A leitura da história do mundo desperta nela a consciência de que só os seres dotados de imaginação, as crianças, serão capazes de consertar os erros do mundo.

EMÍLIA NO PAÍS DA GRAMÁTICA – a partir da leitura da gramática por Dona Benta e Pedrinho e das leituras prévias de Quindim, a turma resolve conhecer o país da gramática e vivenciar o convívio com as palavras. Nesse passeio, Emília acaba por impor a sua vontade e modifica a ordem das palavras e das regras gramaticais.

ARITMÉTICA DA EMÍLIA – a partir dos estudos de aritmética realizados pelo Visconde, ele decide explicar a matéria apresentando os números pessoalmente. Monta-se uma espécie de circo para apresentação da matéria para todos no Sítio do Pica-pau Amarelo. Emília diz que a aritmética na verdade não passa de "reinações dos números". A boneca atrapalhou muito e todos dizem que isso aconteceu porque ela está famosa no Brasil inteiro por causa de seus livros – os personagens, mais uma vez, parecem ter a noção de que têm suas vidas relatadas e publicadas.

Ao final do livro que o Visconde escreveu a partir das aulas, Emília retira a letra "t" da palavra aritmética e modifica o nome do livro para "Arimética da Emília". A ação, nesse livro, está em trazer o estudo da aritmética feito pelo Visconde para uma relação dinâmica e muito prática, próxima do universo das crianças. Desde esse dia, as tabuadas ficaram escritas nos troncos das árvores e passaram a fazer parte das brincadeiras no pomar do Sítio.

A RAINHA MABE (DO LIVRO HISTÓRIAS DIVERSAS) – Dona Benta está lendo textos de Shakespeare e conta para Emília e Narizinho. Emília, imediatamente, passa a reconhecer a Rainha Mabe no Sítio, passeando pelo nariz de Pedrinho.

Categoria 3
FANTASIA E AVENTURA

REINAÇÕES DE NARIZINHO – este é o livro fundador de toda a saga do Sítio do Pica-pau Amarelo. Aqui está o embrião dos seus personagens, do espaço do Sítio, das histórias que virão. As relações com a leitura apresentadas estão na forte intertextualidade, já que estão presentes no livro a Dona Carochinha, o Gato de Botas, o autor La Fontaine, a Branca de Neve, o Pequeno Polegar – uma referência clara às leituras disponíveis no período em que Lobato começa a escrever para crianças. Mas não há, diretamente, uma relação com livros e leitura.

VIAGEM AO CÉU – a aventura de viajar para o espaço surgiu em um mês de abril, período de férias da turminha do Sítio. Não partiu de nenhuma leitura, mas sim da vontade de aventura.

CAÇADAS DE PEDRINHO – outro livro de pura aventura. Não há nenhum serão ou leitura de livros.

SACI – baseada no livro anterior de Lobato, *Saci-pererê, resultado de um inquérito*, o autor inspira-se na cultura popular para escrever esse livro de aventura. Nesta obra, é o próprio Saci quem dá as suas opiniões sobre a leitura:

> – Ler! E para que serve ler? Se o homem é a mais boba
> de todas as criaturas, de que adianta saber ler? Que é ler?

Ler é um jeito de saber o que os outros pensaram. Mas que adianta a um bobo saber o que outro bobo pensou?[23]

O Saci faz essa afirmação durante uma discussão com Pedrinho. Os dois estão falando sobre o homem, suas qualidades e utilidades. Pedrinho gaba-se dizendo que os homens sabem ler, e os sacis não sabem. O Saci não acha nenhuma vantagem em ler coisas escritas por bobos. Aqui o autor tece uma crítica à má leitura e à má literatura. Certamente não é uma afirmação gratuita. Essa é a única referência ao livro e à leitura nessa obra. O resto é pura aventura e imaginação.

O MINOTAURO – este é um dos livros em que os personagens do Sítio passeiam pela Grécia antiga. A viagem é uma continuação do livro *O Pica-pau amarelo*. Tia Nastácia fica presa no labirinto do Minotauro e a turma do Sítio vai resgatá-la. As informações e os roteiros são estruturados a partir das leituras prévias de Dona Benta. Mas também não há relação direta com a prática da leitura entre os pica-paus. Eles aprendem na prática, orientados pela sabedoria que Dona Benta adquiriu nos livros.

OS DOZE TRABALHOS DE HÉRCULES – Em dois volumes, esse livro conta a história de Hércules, mas nessa versão o sucesso de seus doze trabalhos depende totalmente da astúcia de Emília. É interessante notar que Emília fala muitas vezes sobre *Dom Quixote*, uma referência a sua leitura e à experiência de ter conhecido Quixote. Também é um livro de viagem e aventura, sem relação direta com a leitura.

HISTÓRIAS DIVERSAS (COM EXCEÇÃO DA HISTÓRIA "A RAINHA MABE") – esse volume da obra

23 LOBATO, Monteiro. *O Saci*, p. 213.

completa de Lobato é composto por quatorze histórias: As Botas-de-sete-léguas; A Rainha Mabe; A Violeta Orgulhosa; O Periscópio; A Segunda Jaca; A Lampreia; Lagartas e Borboletas; As Fadas; A Reinação Atômica; As Ninfas de Emília; O Centaurinho; Uma Pequena Fada; Conto Argentino e a peça *O museu da Emília*. De todas elas, apenas A Rainha Mabe apresenta alguma relação direta com a leitura. As demais são textos de aventura e imaginação no Sítio.

Categoria 4
PRÁTICA DE ESCRITA

MEMÓRIAS DA EMÍLIA – Nesse livro, Emília realiza o sonho tão anunciado de escrever suas "memórias fantásticas". No livro *Serões de Dona Benta* ela comenta que está escrevendo as memórias, mas briga muito com seu secretário, o Visconde, que fica escandalizado com o que ela manda escrever. Mas ela responde que vai escrever o que quer, sem dar satisfações, pois não é "boneca ensinada".

Visconde é contratado para fazer o serviço de um *ghost-writer*. Durante o trabalho, os personagens conversam sobre a escrita de memórias e suas questões como veracidade das informações, autoria real do texto, verdade e imaginação. Emília e Visconde são narradores. Mas existe ainda um terceiro narrador que ajuda a contar a história e pontua os temas apresentados.

Mesmo sabendo que os livros, as leituras e o conhecimento estão presentes, ainda que indiretamente, em toda a obra, destacaremos os textos nos quais a presença da leitura é mais declarada, para compreendermos o lugar do livro e da leitura na obra lobatiana e de que forma a apresentação desses elementos é conduzida para que o leitor se sinta atraído e motivado para ler e agir.

Práticas de leitura
na casa de Dona Benta

O texto lobatiano nos fornece elementos para conhecermos mais detalhes sobre os usos dos livros dentro do Sítio de Dona Benta. Eles não caem do céu nem nascem em árvores, como diz a citação de Clarice Lispector na epígrafe deste capítulo. Dona Benta, a dona da biblioteca, tem sempre o cuidado de apresentá-los por completo, chamando atenção para a origem, autores, tradutores e, quando é o caso, para a raridade das edições. Lobato apresenta uma história da vida privada de uma família de leitores.

Na abertura do livro *História do mundo para as crianças*, o autor nos esclarece sobre como Dona Benta compra os livros para sua biblioteca:

> Dona Benta era uma senhora de muita leitura; além de ter uma biblioteca de várias centenas de volumes, ainda recebia, dum livreiro da capital, as novidades mais interessantes do momento.
>
> Uma tarde o correio lhe trouxe *A child's history of the world*, de V.M. Hyllyer, diretor da Calvert School, de Baltimore. Dona Benta leu o livro com cara de quem estava gostando; depois folheou e releu vários volumes de sua biblioteca que tratavam de assuntos semelhantes e disse consigo: "Bela ideia! A história do mundo é um verdadeiro romance que pode muito bem ser contado às crianças. Meninos assim da idade de Pedrinho e Narizinho estou certa que hão de gostar e aproveitar bastante.[24]

Os livros vinham de "um livreiro da capital". Mesmo já tendo muitos exemplares, ela gostava de receber novidades para dividir o conhecimento com seus leitores-ouvintes.

---

24 LOBATO, Monteiro. *História do mundo para crianças*, p. 3.

Leitora competente, ela lia fluentemente em inglês e fazia a dupla tradução para os netos: do inglês para o português e do original para um texto acessível aos netos.

Além disso, Dona Benta fazia um cruzamento de leituras, consultando outros textos para complementar as informações. Costumava citar outros autores, como no exemplo "um dia hei de ler alto um livro de Rodolfo Teófilo chamado *A fome*, e vocês verão por que horrores a gente tem passado." [25]

O gosto pela leitura não era amenizado nem disfarçado. No dia em que recebeu *O homem que calculava*, de Malba Tahan, Dona Benta quase não dormiu, envolvida com a leitura:

> Parece incrível que esse árabe saiba tantas coisas interessantes a respeito dos números! Estive lendo-o até às quatro da madrugada e estou tonta. O tal homem que calculava só não calculou uma coisa: com suas histórias ia fazer uma pobre velha perder o sono e passar a noite em claro. Livros muito bons são um perigo: estragam os olhos das criaturas. Não há como um "Livro pau", como diz a Emília, porque são excelentes narcóticos...[26]

O "livro-pau" que Dona Benta comenta é o tipo de livro tão ruim que dá sono. Isso nos lembra a primeira crítica literária de Lobato, sobre a *Enciclopédia do riso e da galhofa*, que Lobato considerou um sonífero.

Em outro momento do livro, o narrador ressalta como Dona Benta gostava de receber novidades em sua biblioteca e que tipos de livros recebia:

> Dona Benta costumava receber livros novos, de ciência, de arte, de literatura. Era o tipo da velhinha novidadeira. Bem dizia o compadre Teodorico: "Dona Benta parece velha, mas não é, tem o espírito mais moço que o de muitas jovens de vinte anos. Assim foi que naquele bo-

---

25   Idem. *Geografia de Dona Benta*, p.70.
26   Idem. *Aritmética da Emília*, p.300.

lorento mês de fevereiro, em que era impossível botar o nariz fora de casa, de tanto que chovia, resolveu contar aos meninos um dos últimos livros chegados.

– Tenho aqui um livro de Hendrik Van Loon, disse ela – um sábio americano, autor de coisas muito interessantes. Ele sai dos caminhos por onde todo mundo anda e fala das ciências dum modo que tudo vira romance, de tão atrativo. Já li para vocês a geografia que ele escreveu e agora vou ler este último livro – *História das invenções do homem – o fazedor de milagres*.

Era um livro grosso, de capa preta cheio de desenhos feitos pelo próprio autor. Desenhos não muito bons, mas que serviam para acentuar suas ideias. [27]

A necessidade de atualização é permanente em Dona Benta, além da sua diversidade de interesses. É a partir desse gosto variado que o Sítio se configura como uma Universidade do Saber Complexo, parafraseando Edgar Morin. É interessante notar como Dona Benta faz a apresentação do livro para seus leitores: comenta o autor e a originalidade de seu estilo, saindo dos caminhos por onde todo mundo anda. O narrador complementa, ressaltando aspectos da materialidade do livro: a capa e as ilustrações.

Muitas vezes, Dona Benta filosofava sobre a leitura, ressaltando os seus méritos, impressionando e influenciando a audiência. Talvez o gosto de todos pela leitura venha mais de seu exemplo de prazer e respeito pelos textos. Certa vez "Dona Benta disse: Tudo morre, tudo passa, tudo desaparece levado pelo rio do Tempo – menos a obra de arte. Como Camões produziu uma verdadeira obra de arte, não morreu – está sempre vivo na memória dos homens – sempre lido – sempre recordado...". [28]

---

27   Idem. *História das invenções*, p.209.
28   Idem. *Geografia de Dona Benta*, p.177.

Não precisava que Dona Benta propusesse a leitura. Bastava ler um livro com expressão de contentamento para despertar a curiosidade de seus netos:

> Dona Benta, na "preguiçosa" da varanda, lia um livro inglês. Narizinho chegou e espiou o título: *The tempest*, Shakespeare.
> – Que graça, ler um escritor tão velho!...
> – Minha filha, as obras dos grandes gênios não envelhecem nunca e são para todos os tempos. E nesta obra há umas coisinhas que me encantam. (...) Melhor resumir o livro, se não a curiosidade de Narizinho não parava com as perguntas.[29]

Alguns dos estudos coletivos no Sítio começavam por interesse dos próprios netos de Dona Benta, por Emília ou por Visconde, que propôs o estudo da aritmética. Como exemplo de prática, esse é um dos pontos altos de Lobato: mostrar personagens infantis escolhendo seus próprios livros. Sobre a leitura, o pesquisador francês Leon Chauvin afirmou:

> Saber escolher as próprias leituras torna-se algo essencial. E não é tudo: há necessidade de saber ler e lucrar com as leituras. Importante não é ler muito. As leituras feitas rapidamente quase não deixam qualquer saldo positivo, enquanto as leituras comedidas e atentas permanecem mais tempo no entendimento. Como dizia Sêneca: "Tenho medo do homem de um só livro". É indispensável ter muita constância e espírito de continuidade, concluir as leituras iniciadas, não borboletear de volume em volume, nem engasgar-se em várias leituras paralelas. Convém lembrar ainda que as boas leituras são feitas de lápis na mão. O aluno deverá manter um diário de suas leituras, onde lançará o nome das obras lidas, a transcrição das

29 Idem. *Histórias diversas*, p. 199.

passagens mais marcantes e suas próprias reflexões a respeito. Aliás, era exatamente isso que fazia Montaigne, que tanto leu e soube aproveitar suas leituras." [30]

O que Chauvin coloca sobre a continuidade das leituras é seguido à risca no Sítio. Não se lê mais de um livro de uma vez. A sessão de leituras tem hora para começar e terminar, e a reflexão sobre os textos lidos é incentivada e praticada. Não há pressa. A conversão da leitura em escrita, através dos diários, é realizada por Pedrinho, que possuía um diário de leituras, onde anotava os pontos mais importantes dos livros. O diário era chamado de "caderninho de notas".[31] Havia uma expectativa de Dona Benta em relação à transformação desses diários de leituras em um embrião de livro. Em certa ocasião, comentou: "Se Pedrinho algum dia virar escritor de histórias, há de ver que esta variedade [de palavras] ajuda grandemente o estilo, permitindo a composição de frases mais bonitas e musicais".[32]

Outros trechos nos indicam que Pedrinho estava tornando-se um leitor competente, com bastante propriedade em suas análises. Em *Histórias da tia Nastácia*, *O poço do Visconde* e *A chave do tamanho*, Pedrinho está lendo um jornal no começo do livro. Em *O poço do Visconde*, ficamos sabendo que Pedrinho implementou no Sítio o hábito de ler com as pernas para cima, na varanda. Pedrinho, Emília e Visconde costumavam ler sentados com as pernas elevadas.[33] Narizinho reclamou, mas Dona Benta explicou que esse hábito melhora a circulação do cérebro fazendo o leitor pensar melhor. Visconde ministrou todo o curso de geologia com os

---

30 CHAUVIN, Leon. "L'éducation de l'instructeur". Paris, 1889 apud HÉRB-RARD, Jean; CHARTIER, Anne-Marie. *Discursos sobre a leitura. 1880-1980*. Tradução de Osvaldo Biato. Sergio Bath. São Paulo: Editora Ática, 1995.

31 LOBATO, Monteiro. *História do mundo para as crianças*, p. 195.

32 Idem. *Emília no país da gramática*, p.32.

33 Idem. *O poço do Visconde*, p. 2.

seus pezinhos apoiados no livro onde ele pesquisou. Dona Benta também tinha sua postura e modo de ler particular: contava histórias sentada na cadeirinha de pernas serradas.[34] Será que seria uma maneira de reduzir sua altura e ficar mais perto dos seus pequenos leitores? Pois estar perto da mente deles era o seu objetivo principal.

O objetivo de Dona Benta como narradora é o mesmo de Monteiro Lobato como autor para crianças: fazer com que o conhecimento seja acessível, a linguagem agradável. O importante, para ambos, é comunicar a mensagem.

Outra prova da competência de Pedrinho-leitor é a sua capacidade de fazer relações. Durante a viagem-leitura de *Geografia de Dona Benta*, Pedrinho lembra um livro já lido: "Hum! – exclamou Pedrinho – lembrei-me agora daquele conto de Edmundo de Amicis, no *Coração*, chamado "Dos Apeninos aos Andes" – a história dum imigrantinho..." [35]

Em carta a Godofredo Rangel, Lobato citou esse livro, dizendo tratar-se de leitura para "formar italianinhos" [36] e não brasileirinhos. Estes últimos, Lobato incubiu-se de ajudar a formar.

A biblioteca da casa pertencia a Dona Benta, mas todos tinham acesso. Visconde morava na biblioteca. Emília possuía os seus próprios livros:

> – Mas, voltando ao livro – quantos teremos aqui em casa?
> – Uns duzentos, vovó, não contando os da Emília.
> (Emília tinha também a sua biblioteca, feita de pedacinhos de papel de jornal, cortados do tamanho de palhas de cigarro e presos com alinhavo muito mal feito).[37]

---

34   Idem. *Peter Pan*, p. 202.

35   Idem. *Geografia de Dona Benta*, p. 236.

36   Idem. *A barca de Gleyre*, v. 2. p. 246.

37   Idem. *História do mundo para as crianças*, p. 216.

Parece-nos que os livros de Emília não traziam muitos significados, ou unidades de texto. Mas como a bonequinha gostava de ter as suas próprias coisas, improvisou essa biblioteca alinhavada.

Muitos aspectos técnicos sobre livros, leitura e escrita eram esclarecidos por Dona Benta. Em certa ocasião, Emília perguntou o que era um prefácio.

> – O que é prefácio? – perguntou Emília.
> – São palavras explicativas que certos autores poem no começo do livro para esclarecer os leitores sobre as suas intenções. O prefácio pode ser escrito pelo próprio autor ou por outra pessoa qualquer. Neste prefácio o senhor van Loon diz que antigamente tudo era muito simples...[38]

Os leitores-personagens e leitores-reais certamente não sairão de um mergulho no universo do Sítio achando que livros nascem em árvores. A referência à materialidade do livro, aos protocolos de leitura, à comercialização do livro, às marcas do editor, à existência e presença do autor, às circunstâncias da escrita do livro são colocados de maneira muito clara. Uma das explicações mais bonitas de Dona Benta sobre as intimidades da literatura foi o esclarecimento sobre a diferença entre gente e personagem:

> – Qual a diferença entre gente e personagem?
> – Gente é gente, você sabe, não preciso explicar. E personagem é uma coisa muito mais que gente, porque gente morre e os personagens não morrem, são imortais, eternos. Dom Quixote, por exemplo. Existe desde o tempo de Cervantes, e existirá enquanto houver humanidade. Se fosse gente, já teria morrido há muito tempo e ninguém mais se lembrava dele. Quem se lembra dos fidalgos-gente

---

38 Idem. *História das invenções*, p. 210.

do tempo de Cervantes? Todos morreram, desapareceram da memória dos homens. Mas Dom Quixote e Sancho, que são da mesma era, continuam perfeitamente vivos, são citados a toda hora, não morreram nem morrerão nunca.[39]

A definição de Dona Benta é perfeita para classificarmos Emília. Em 2004, ano da escrita dessa dissertação, contamos 84 anos desde a criação dessa personagem, que permanece viva, com personalidade própria, como se existisse de verdade. A força da composição dessa personagem, os detalhes de seu comportamento chamaram a atenção em nossa pesquisa. De todos os leitores do Sítio, ela é a que se encaixa perfeitamente na categoria de *leitor-agente,* que transforma o mundo ao seu redor a partir da leitura. Por tudo isso, dedicamos os dois últimos tópicos desta dissertação, em seu momento principal e conclusivo, à análise dessa *leitora-agente* exemplar, que personifica a frase: "Para quem sabe ler, um livro é um mundo de ideias".[40]

---

39 Idem. *Histórias diversas,* p. 254.
40 Idem. op. cit. *História das invenções,* p. 302.

4

EMÍLIA, LEITORA DE DOM QUIXOTE:
um caso de leitura-ação

O personagem Dom Quixote, criado por Miguel de Cervantes Saavedra em sua obra *O engenhoso fidalgo Dom Quixote de la Mancha* (publicado entre 1605 e 1615), tem presença marcante na obra infantil de Monteiro Lobato. Mesmo antes de sua história ser contada para o público leitor do Sítio, o nome de Quixote já circulava entre eles durante as leituras e aventuras. Em livros posteriores, Dom Quixote e Sancho Pança conheceram o Sítio e fartaram-se com os quitutes de tia Nastácia.

Emília foi a personagem lobatiana que mais se deixou envolver por Quixote. Foi durante um dos serões sobre a história do mundo, que a boneca teve o seu primeiro contato com um exemplar da obra de Cervantes:

> Antes do serão do dia seguinte, Dona Benta teve que passar um pito na Emília por causa dos bigodes retorcidos que ela desenhou nas figuras dum "Dom Quixote" de Narizinho.
> – Veja, vovó, como ficou meu livro! Tudo de bigode, até as mulheres – e os bigodes mais mal feitos do mundo. Os espanhóis não usam bigodes assim; isto é bigode de português de venda... e com a borracha foi desfazendo aquela reinação da Emília.[1]

O ocorrido serviu de mote para que Dona Benta começasse a falar dos tempos da Cavalaria Andante. Quando surgiu o assunto dos rituais dos cavaleiros, Pedrinho reconhe-

---

1   LOBATO, Monteiro. *História do mundo para as crianças*, p. 177.

ceu o tema e disse: "Tudo isso está no *Dom Quixote*, vovó".[2] *História do mundo para crianças* foi lançado em 1933, três anos antes da publicação de *Dom Quixote das crianças,* quando o livro foi lido pela primeira vez no Sítio. Em um pequeno equívoco de tempo, Pedrinho já citava *Dom Quixote* mesmo antes da primeira leitura.

No livro *História das invenções*, de 1935, quando Dona Benta falou sobre a invenção do moinho, Pedrinho perguntou "Aquele que Dom Quixote tomou por um gigante?"[3], novamente referiu-se ao livro de Cervantes, lembrando-se dos moinhos contra os quais lutou o engenhoso fidalgo. Lobato era um editor com excelente visão de *marketing,* por isso acreditamos que esses comentários aparentemente inocentes sobre o imaginário quixotesco podem ter sido uma estratégia de propaganda do autor para aguçar a curiosidade dos leitores e, aos poucos, introduzir a figura de Quixote no mundo do Sítio e no horizonte de expectativa dos seus receptores.

A apresentação oficial do texto de Cervantes acontece no livro *Dom Quixote das crianças*, publicado em 1936. Esta obra oferece ao pesquisador inúmeros elementos para problematizar as questões da leitura. Sobre isso, Marisa Lajolo nos diz que:

> Nesse livro, encontra-se um projeto de leitura, de tradução e de adaptação. E o leitor de hoje – em particular o educador preocupado com questões de leitura – pode encontrar, nesse *Quixote*, respostas para questões que permeiam seu dia a dia escolar e que abrangem desde a crucial pergunta *que livro indicar?* até a questão de os clássicos serem ou não adequados a tal ou qual faixa etária...[4]

2   Idem, ibidem, p. 179.
3   Idem, *História das invenções*, p.276.
4   LAJOLO, Marisa; LOBATO, Monteiro. Um Dom Quixote no caminho da leitura. In: *Do mundo da leitura para a leitura do mundo.* São Paulo: Editora Ática, 1997.

Além dessas questões, Lobato também trata no seu Dom Quixote de aspectos do livro, como sua materialidade – tamanho, forma – o contato do leitor com as marcas dos editores e ilustradores, indo até a amplitude máxima que a leitura pode alcançar: a modificação de quem lê.

A leitora mais modificada pelo *Quixote* é Emília. Desde o título do primeiro capítulo, "Emília descobre Dom Quixote", o narrador já responsabiliza a boneca pela escolha do texto para a leitura em grupo:

> Emília estava na sala de Dona Benta, mexendo nos livros. Seu gosto era descobrir novidades – livros de figura. Mas como fosse muito pequenina, só alcançava os da prateleira de baixo. Para alcançar os da segunda, tinha de trepar numa cadeira. E os da terceira e quarta, esses ela via com os olhos e lambia com a testa. Por isso mesmo eram os que mais a interessavam. Sobretudo uns enormes.[5]

Este trecho deixa claro que Emília tem interesse pelos livros por vontade própria. Dona Benta é apresentada como a pessoa responsável pelo estímulo à leitura, mas no episódio citado ela não está em casa e não há indicação de ter proposto ou imposto nenhuma consulta às obras. A busca de Emília acontece às escondidas, aproveitando a ausência de Dona Benta, sugerindo o mesmo sabor de aventura proibida que a boneca experimentou quando decidiu reformar a natureza. Pesquisar na biblioteca, para Emília, é tão interessante quanto suas outras reinações. Esse é um importante sinal para o leitor infantil, que começa a conhecer os livros e, ao mesmo tempo, apresenta tendência natural para descobrir e aventurar-se. Nesses pequenos detalhes estão colocados os ensinamentos de Lobato.

---

5   LOBATO, Monteiro. *Dom Quixote das Crianças*, 17 ed. São Paulo: Editora Brasiliense, 1969. p.3.

Procurar novidades e livros de figuras é o seu "gosto", o que lhe dá prazer, nos diz o texto. A bonequinha vai em busca do que ainda não conhece, os livros das prateleiras mais altas. Emília mede dois palmos, cerca de vinte centímetros, a altura de um livro em formato *standard* atual. Ela procura livros que estão acima de seu tamanho, maiores do que ela. E encontra o clássico *Dom Quixote de la Mancha*. Lemos essa busca de Emília como uma metáfora da procura incessante do leitor, sempre desejando livros melhores, mais desafiadores, além da sua capacidade no momento, maiores que o seu tamanho. Isso faz da leitura uma constante aventura. É a busca pela novidade, pelo livro novo, desconhecido, sem nenhum medo das dificuldades. Ao contrário: os livros da terceira e quarta prateleiras, que Emília "via com os olhos e lambia com a testa" eram os que mais a interessavam. "Sobretudo uns enormes".

O volume do livro não era um problema para a bonequinha, mas sim uma curiosidade a mais. Porém, na prática, o livro de muitas páginas pode amedrontar e desencorajar os leitores menos ávidos. Emília ensina a não ter medo dos grandes tomos. Ao contrário: seu interesse em *Dom Quixote* surgiu justamente por causa do tamanho do livro. Quando ela conseguiu subir: "Alcançou os livrões e pôde ler o título. Era o *Dom Quixote de la Mancha*, em dois volumes enormíssimos e pesadíssimos. Por mais que ela fizesse, não conseguiu nem movê-los do lugar." [6]

Em sua tentativa de descer os livros, Emília é auxiliada por Visconde, morador da biblioteca. A boneca diz a Visconde que parece que os volumes haviam criado raízes, por isso precisava de uma enxada para arrancá-los dali. Visconde, conhecedor de física, entende que o problema seria mais bem solucionado com o uso de uma alavanca, improvisada

106   6   Idem, ibidem, p. 4.

com um cabo de vassoura. A empreitada deu muito certo para Emília, mas não para Visconde, que acabou ficando achatado sob o peso de um dos exemplares do *Dom Quixote*.

Do sábio sabugo, só restava um caldinho que saía de seu corpo esmagado. Emília colheu o líquido em um vidro de homeopatia e disse que era "o caldo da ciência". A sabedoria de Visconde não estava no corpo ou dentro da cabeça, mas sim em um líquido que percorria todo o corpo e poderia ser recolhido: a ciência conservada na essência. Depois de guardar o caldo, Emília não tomou mais nenhuma atitude. Deixou o amigo, sem vida, jogado em um canto, esperando que Pedrinho resolvesse o caso. Estava ansiosa para começar a ler o "livrão", que dera tanto trabalho para estar em suas mãos. A sua "falta de coração", que seria defendida e contestada no livro seguinte *Memórias de Emília,* fez com que a vontade de ler fosse mais importante do que a vida do seu amigo Visconde. Ponto positivo para a voracidade da nossa leitora de pano – e que os leitores de carne e osso deem o devido desconto para sua "falta de coração". Esse desprezo foi mais um ato de lógica do que de crueldade. Ela sabia que o Visconde era um ser de muitas vidas, que poderia viver novamente. "Criaturas de sabugo têm essa vantagem. São consertáveis, como os relógios, as máquinas de costura e as chaleiras que ficam com buraquinhos".[7]

Depois de ter contato com o peso e tamanho do livro, Emília passou a analisar outras informações materiais. Abriu a primeira página e leu*: "O engenhoso fidalgo Dom Quixote de la Mancha* por Miguel de Cervantes Saavedra." A boneca, "inimiga pessoal da ortografia, velha coroca que complica a vida da gente com coisas inúteis" [8], ficou incomodada com as duas letras "aa" do sobrenome Saavedra e

---

7   Idem, ibidem, p.7.
8   Idem, ibidem, p.10.

não hesitou em riscar uma das vogais com um lápis. É um momento interessante: a análise da parte interna do objeto-livro passou inicialmente pelo título da obra e pelo nome do autor. É o reconhecimento de que este livro, mesmo que pareça ter criado raízes, não nasceu igual a uma árvore, como acreditava Clarice Lispector quando criança. Os livros têm autores, os autores têm nomes e Emília sentiu-se à vontade para modificar o nome de Cervantes, dizendo: "Para que estes dois *aa* aqui, se um só faz o mesmo efeito?" [9]

A motivação inicial de Emília, como foi dito logo no primeiro parágrafo do texto de Lobato, era encontrar figuras. A busca por este tipo de livro também nos fala sobre uma das etapas iniciais dos caminhos da leitura, que é a apreciação das ilustrações. Nelly Novaes Coelho apresenta a importância das ilustrações na categoria do *pré-leitor*, o leitor ainda não alfabetizado, que deve encontrar textos com "predomínio absoluto da imagem (...) que devem sugerir uma situação que seja significativa para a criança ou de alguma forma atraente." [10] O próprio Lobato, enquanto leitor iniciante, passou por essa fase buscando gravuras na biblioteca do avô, o Visconde de Tremembé. Com Emília não foi diferente. Ao começar o convívio com o livro, ela presta atenção às ilustrações de Gustavo Doré. O narrador destacou bem a reação da boneca à primeira ilustração:

> A primeira gravura representava um homem magro e alto, sentado numa cadeira que mais parecia trono, com um livro na mão e a espada erguida na outra. Em redor, pelo chão e pelo ar havia de tudo: dragões, cavaleiros, damas, coringas e até ratinhos. Emília examinou minuciosamente a gravura, pensando lá consigo que se aqueles

---

9   Idem, ibidem, p.8.

10   COELHO, Nelly Novaes. *Literatura infantil: Teoria. Análise. Didática.* São Paulo: Editora Moderna, 2002. p. 32-33.

ratinhos estavam ali era porque Doré se esquecera de desenhar um gato.[11]

A bonequinha acreditou no realismo da figura. Lembrou de sua experiência de vida, que já lhe ensinara que gatos devoram ratos. Quando o narrador diz que Emília pensava que aqueles ratinhos estariam ali porque Doré esquecera de desenhar um gato, entendemos que Emília via o ilustrador como um mágico, criador de uma realidade dinâmica, onde as coisas funcionam de forma parecida com o que ela conhece no seu mundo real: gatos comendo ratos. Isto já indica um nível de concentração, um mergulho na realidade do livro. O personagem principal, o homem alto e magro, a princípio não causou nenhuma admiração.

Dona Benta, ao chegar em casa, encontrou o Visconde acidentado, e o grande livro no chão. Quis saber do ocorrido, deduziu que se tratava de uma reinação de Emília, mas não houve nenhum castigo ou punição. Ao contrário, na mesma noite, ela começou a ler o livro para todos. A leitura tornou-se mais fácil graças ao engenho de Pedrinho, que construiu uma armação de madeira para suportar o peso e tamanho do livro.

Antes de começar a leitura, Dona Benta notou o nome *Saavedra* riscado por Emília e chamou à atenção para dois elementos importantes da materialidade do livro: a raridade da edição, feita há muitos anos em Portugal, e a importância dos tradutores, o Visconde de Castilho e o Visconde de Azevedo, dizendo: "Mas você devia respeitar esta edição, que é rara e preciosa. Tenha lá as ideias que quiser, mas acate a propriedade alheia. Esta edição foi feita em Portugal há muitos anos."

Com essa observação de Dona Benta, os leitores iniciantes ficam sabendo que o valor de um livro não está somen-

---

11 LOBATO, Monteiro. op. cit.

te na qualidade do texto, mas também nos aspectos materiais, como a data de sua edição, o lugar onde foi publicado e quem o traduziu. Tudo isso agrega valor à obra lida e ensina a conhecer o livro. Mesmo antes de começar a leitura, Dona Benta deixa claro que se trata de um livro valioso, que merece atenção e respeito por parte dos seus leitores e que não deve ser riscado ou danificado.

Feitas as devidas apresentações, começa um dos momentos mais ricos: a discussão sobre a linguagem dos textos clássicos. Logo no primeiro parágrafo, surge um impasse:

> (...) Dona Benta começou a ler:
> *Num lugar da Mancha, de cujo nome não quero lembrar-me, vivia, não há muito, um fidalgo de lança em cabido, adarga antiga e galgo corredor.*
> – Ché! Exclamou Emília. Se o livro inteiro é nessa perfeição de língua, até logo! Vou brincar de esconder com o Quindim. Lança em cabido, adarga antiga, galgo corredor... não entendo essas viscondadas não.[12]

Emília não deixa por menos, ataca o estilo dos viscondes tradutores – ironizando o seu amigo Visconde, que também era dado às suas erudições – e parte para brincar de esconder com Quindim (só não sabemos como um enorme rinoceronte conseguiu encontrar um lugar para esconder-se de Emília). Se Quindim permanecesse acompanhando a leitura, não teria dificuldades de compreensão, já que é um profundo conhecedor da gramática.

Dona Benta propõe uma intermediação na leitura do texto, fazendo uma tradução da tradução. Configura-se então uma quarta versão da obra de Cervantes: a primeira, a original em espanhol; a segunda, a tradução do espanhol para o português; a terceira, a adaptação de Lobato para ade-

14   Idem, ibidem, p. 11.

quar o enredo de Cervantes ao mundo do Sítio e a quarta, a adaptação de linguagem feita pela personagem Dona Benta.

Adaptar é verbo onipresente nos textos de literatura infantil. Para Maria Lypp, "todos os meios empregados pelo autor para estabelecer uma comunicação com o leitor infantil podem ser resumidos sob a denominação de adaptação." [13]

Regina Zilberman, utilizando descrição de Göte Klinberg, identifica quatro ângulos de adaptação: do assunto, da forma, do estilo, do meio. Lobato passa por estas quatro instâncias quando adapta Cervantes para a leitura das crianças.

Inicialmente, notamos uma clara adequação do assunto se compararmos a obra original de Cervantes[14] com o *Dom Quixote das crianças*. O texto, na edição que consultamos, consta de 52 capítulos no primeiro volume e 74 capítulos no segundo volume, somando 126 capítulos. Na adaptação de Lobato, temos 29 capítulos no total. Para fazer este corte, muitos momentos da obra foram retirados, como o Capítulo XIII – "Onde se arremata o conto da pastora Marcela, com outros sucessos". Nesse capítulo, a pastora Marcela assassina o pastor Crisóstomo, o que talvez fosse um tema inadequado para crianças. O Capítulo XV – "Onde se conta a desgraçada aventura que a Dom Quixote ocorreu, com uns desalmados arrieiros de Yanguas", apresenta a covardia dos yangueses contra o herói da Mancha. O Capítulo II – do segundo volume – "Que trata da notável pendência que teve Sancho Pança com a sobrinha e a ama de Dom Quixote, além de outras curiosas ocorrências", o diálogo apresenta expressões fortes como "ama de Satanás" e "más ilhas te afoguem",

15   LYPP, Maria. Asymetrische Kommunikation als Problem moderner Kinderliteratur. In: KAES, Anton & ZIMMERMAN, Benhard (org).*Literatur für Viele 1*. Göttingen, Vandenhoeck und Ruprecht, 1975 *apud* ZILBERMANN, Regina. *A literatura infantil na escola*. 9. ed. São Paulo: Global, 1994. p. 50.

16   CERVANTES SAAVEDRA, Miguel de. *O engenhoso fidalgo Dom Quixote de la Mancha*. 3. ed. Tradução e notas: Eugênio Amado.Belo Horizonte: Villa Rica, 1991. v. 1 e 2. Ilustrações: Gustavo Doré.

o que poderia dificultar a adoção do livro pelas escolas – tudo que Lobato não queria no momento de dificuldades financeiras. O Capítulo V, do segundo volume, "Do discreto e gracioso diálogo travado entre Sancho Pança e sua mulher, Teresa Pança, e outros sucessos dignos de feliz recordação", Sancho trata sua mulher muito mal, chamando-a de "besta e mulher de Barrabás", "que tem demônios metidos no corpo", "mentecapta e ignorante".[15]

Muitas supressões foram feitas, algumas por inadequação, outras por economia de espaço e tempo. Os motivos exatos só podemos deduzir, nunca afirmar. O que Lobato insistiu em preservar foram os trechos do livro que mais dariam abertura para manter a característica principal de sua obra: a valorização da imaginação, a mistura do imaginário com o real e as alusões ao idealismo. Sobre este assunto, Nelly Novaes Coelho afirma:

> Imbuído de um profundo sentido do Real oposto à Fantasia, e também confiante na *grandeza humana*, Cervantes faz de *Dom Quixote* o grande símbolo da Humanidade. Com o tempo, deixou de ser uma novela espanhola, para transformar-se em uma obra universal. E essa universalidade explica-se não só pela criação das duas personagens centrais – Dom Quixote e Sancho Pança (representantes dos dois polos da criatura humana: o idealista e o materialista) –, mas basicamente porque, como forma literária, resultou de um amálgama da Tradição que se abria para o Futuro. (...) Traduzido em numerosos idiomas e adaptados para crianças e para jovens do mundo todo, Dom Quixote tem sido o herói por excelência – paradoxalmente o mais

17 CABRAL, Isaura. RAMOS, Flávia Broccheto. *Dom Quixote das crianças: uma análise comparativa do clássico e da adaptação lobatiana.* Espéculo. Revista de Estudos Literários. n. 25 Universidade Complutense de Madrid, 2003. Disponível em www.ucm.es/info/numero25/quixocri.html. Acesso em: 27 jan. 2004.

fraco e o mais forte. Sua figura esquálida e comovente continua a ecoar, bem viva, em cada ser humano que, instintivamente, se entrega à luta por sua auto-realização ou por seu *Ideal*. As Dulcineias, os Sancho Pança, os "moinhos de vento" continuarão existindo, enquanto existir idealismo nos seres humanos e estes se entregarem à luta, sem desfalecimentos, que é preciso travar com o mundo, onde cada um deve encontrar o seu "lugar ao sol". Esse o segredo de *Dom Quixote*...[16]

Fantasiar, idealizar, lutar sem desfalecer, encontrar seu lugar ao sol. Nada mais lobatiano. Essas questões não poderiam ser retiradas da adaptação para as crianças, justamente porque são os pontos em comum mais evidentes entre a obra de Lobato e Cervantes e entre seus personagens Emília e Quixote.

Seguindo o roteiro de Göte Klinberg sobre os ângulos de adaptação das obras, passemos para a segunda instância: a forma. O texto de Cervantes sofre – pois diminuir um texto de qualidade é sempre um ato de sofrimento – um recorte na adaptação de Lobato, que retira os enredos secundários, que conferem a característica enciclopédica à obra de Cervantes, e deixa um único eixo narrativo, a parte aventuresca de Quixote. Mesmo assim, algumas poesias da obra original são mantidas, visto que a variedade de gêneros literários é uma das riquezas do *Dom Quixote*.

Quanto ao estilo, Lobato usa frases mais curtas, palavras mais acessíveis. Economiza também nas orações subordinadas, preferindo construir um discurso com períodos simples. Sobre os períodos com muitos verbos, muitas orações, Emília comentou que eram um "picadinho de orações, uma salada. Eu gosto de períodos simples, que a gente engo-

18 COELHO, Nelly Novaes. *Panorama histórico da literatura infantil/juvenil*. 4 ed. rev. São Paulo: Editora Ática, 1991. p. 78-79.

le e entende sem o menor esforço. Esses assim até dão dor de cabeça. São charadas." [17]

A adaptação lobatiana também utiliza pouco a voz passiva, preferindo a voz ativa, para dar mais dinamismo e realidade ao texto, até porque a participação da plateia sugere essa leitura mais viva. Da mesma forma, prioriza o uso do discurso direto, transformando longas frases em curtos diálogos, transpondo a oralidade para o texto – uma das marcas do estilo lobatiano que mais conquistou o público leitor infantil.

Essa recriação de palavras, trazendo-as para perto da coloquialidade, é evidente em toda obra infantil de Lobato, mas com destaque no vocabulário da boneca Emília. As alterações no estilo são discutidas entre as personagens. Dona Benta confessa que acha "uma lástima estar contando só a parte aventuresca da história do cavaleiro da Mancha", mas reconhece que o estilo é difícil para o nível de leitura de sua plateia.

No *Dom Quixote das crianças*, Lobato usa ainda o recurso da onomatopeia para "dar vida ao texto e aproximar, através da imitação de sons, o leitor e a obra." [18] "Brolorotachabum!, lepte! Lepte!, nhoque!, Fuqt! Fuqt!" são os sons das aventuras quixotescas. Além de onomatopeias, as metáforas são abundantes, o que confere uma abertura para descoberta de muitos significados no aprofundamento da leitura.

A adaptação do meio refere-se às mudanças no aspecto externo no livro, adaptado em relação ao livro original, que no caso aqui analisado faz parte da biblioteca de Dona Benta. Segundo o narrador, era um "livro grande demais, um verdadeiro trambolho, aí do peso de uma arroba." [19] O tamanho

---

19   LOBATO, Monteiro. *Dom Quixote das crianças*, p. 213.

20   CABRAL, Isaura. RAMOS, Flávia Broccheto. *Dom Quixote das crianças: uma análise comparativa do clássico e da adaptação lobatiana*. Espéculo. Revista de Estudos Literários. n. 25 Universidade Complutense de Madrid, 2003. Disponível em www.ucm.es/info/numero25/quixocri.html. Acesso em: 27 jan. 2004. p. 10.

21   LOBATO, Monteiro. op. cit., p. 10.

do livro só não evitou que ele fosse manuseado porque a leitora interessada, Emília, é destemida, persistente e corajosa, sendo capaz de até de machucar um amigo para ter acesso ao livro. Além disso, contamos também com a prudência de Dona Benta, que gostava do livro e não se importou com o seu tamanho, e com o engenho de Pedrinho, que rapidamente providenciou uma armação para o conforto de Dona Benta.

Mas, na adaptação de Lobato, o *Dom Quixote das crianças* foi bastante reduzido pela diminuição dos capítulos e pelo formato da coleção do qual ele faz parte. A edição que consultamos, a 17ª, publicada em 1969, tem 21,5 x 14,0 cm e faz parte de uma coleção organizada pelo próprio Lobato em 1944 e publicada pela Editora Brasiliense. O tamanho é bem mais acessível para as crianças. As ilustrações da primeira edição eram reproduções das gravuras originais de Gustavo Doré, mas depois foram substituídas pelas ilustrações de J.U. Campos, Manoel Le Blanc, Manoel Victor Filho e outros ilustradores.

As ilustrações de J. U. Campos e Andre Le Blanc mostram, além das cenas da história de Quixote, outros momentos do enredo, como a subida de Emília na escada em busca dos grossos volumes de Quixote. As ilustrações das edições de Lobato eram feitas em preto e branco. A consciência da necessidade de uma mudança no formato e apresentação do livro já eram uma preocupação de Lobato, discutida no texto do *Dom Quixote das crianças*.

Quando começou a leitura no Sítio, Dona Benta teve uma conversa inicial sobre o estilo do texto de Cervantes e propôs contar a história em um estilo mais acessível para o seu público de leitores. Emília concorda e aplaude:

> – Isso! – berrou Emília. Com palavras suas e de tia Nastácia e minhas também – e de Narizinho – e de Pedrinho – e de Rabicó. Os viscondes que falem lá arrevesados

entre eles. Nós, que não somos viscondes nem viscondessas, queremos estilo clara de ovo, bem transparentinho, que não dê trabalho para ser entendido. Comece. [20]

Vemos que Emília liga a chave da leitura, berrando o verbo começar no imperativo. Ela escolheu o livro, reclamou do estilo, fez com que Dona Benta adaptasse a linguagem e, por fim, autorizou o início definitivo da viagem pelo mundo de Dom Quixote e Sancho Pança.

Sua primeira pergunta sobre o texto foi a respeito da descrição dos acessórios que Quixote levava consigo: "Para que a lança e o escudo? – quis saber Emília". Ao ouvir a explicação de Dona Benta, dizendo que os nobres da Idade Média usavam armaduras de ferro e se dedicavam à caça, a mais nobre das ocupações, Emília exclamou: "vagabundos é que eles eram!" condenando a atividade de caçar animais.

Na continuação da leitura, descrevendo a cavalaria, Pedrinho relaciona o texto de Cervantes com o livro *Carlos Magno e os doze pares de França*, que havia lido anteriormente. Dona Benta aprova a alusão e diz que, depois da leitura de Quixote, irá procurar o livro *Orlando Furioso*, de Ariosto, que também fala da cavalaria andante. Relacionar um texto lido no presente com uma experiência de leitura anterior, e ainda fazer da junção dos dois livros o estímulo para o próximo livro, é um exemplo de leitura competente. O horizonte de expectativas do leitor Pedrinho já alcançava o mundo da cavalaria.

Ao falar do tema da cavalaria, Dona Benta explica o centro do livro que está começando a ler:

Cervantes escreveu este livro para fazer troça da cavalaria andante, querendo demonstrar que tais cavaleiros não passavam duns loucos. Mas como Cervantes fosse um homem de gênio, sua obra saiu um maravilhoso estudo da natureza humana, ficando por isso imortal. Não existe no mundo inteiro nenhuma criação literária mais famosa que a sua. Dom Quixote não é somente o tipo do maníaco, do louco. É o tipo do sonhador, do homem que vê as coisas erradas, ou que não existem. É também o tipo do homem generoso, leal, honesto, que quer o bem da humanidade, que vinga os fracos e inocentes – e acaba sempre levando na cabeça, porque a humanidade é ruim inteirada, não compreende certas generosidades.

Pois é isso. De tanto ler aqueles livros de cavalaria, o pobre fidalgo da Mancha ficou com o miolo mole; entendeu de virar também cavaleiro andante e sair com a velha armadura herdada de seus avós, mais a lança e o escudo, a correr mundo atrás de aventuras, isto é, atrás de outros cavaleiros andantes com quem se bater, e de maus a quem castigar. [21]

Esta apresentação do personagem é ainda um breve resumo da ideia central do texto e uma opinião sobre o livro, que certamente irá influenciar os leitores que confiam na contadora de história que é Dona Benta.

Os meninos escutavam que Dom Quixote estava procurando uma forma de ser armado cavaleiro, mas Emília observou: "Dom Quixote já não estava armado?". Foi o mote para que Dona Benta explicasse os rituais necessários para receber o grau de cavaleiro andante, conferido por outro cavaleiro. Essa explicação é essencial para entender os trechos seguintes do enredo e foi esclarecida graças a uma eficiente observação de Emília.

Quando Dom Quixote começa a sua caminhada e faz a primeira parada em uma estalagem, acontece a cena hilária em que o nobre cavaleiro está faminto, mas não consegue desvencilhar-se da armadura enferrujada e tem que ser ali-

---

23 Idem, ibidem, pp. 16-17.

mentado com a ajuda do estalajadeiro e de suas donzelas, ou "mulheres de porta de venda", como disse Lobato. As mulheres seguravam a tampa da armadura e o homem empurrava a comida com um garfo pela fresta da ferramenta e derramava vinho em um funil para que Dom Quixote bebesse. Ao ouvir essa descrição, Emília comentou: "Já vi a tia Nastácia encher assim o papo dum pinto doente – observou Emília – Mas esse pinto não era andante – não tinha viseira." [22] Sobre isso, Marisa Lajolo diz que Emília "carnavaliza" e acrescenta que:

> Com a intervenção de Emília, a ironia de Cervantes ganha uma impensada dimensão: se a figura de um cavaleiro andante enlatado já representa considerável (e hilariante...) rebaixamento da cavalaria, sua comparação com o pinto doente, num prosaico terreiro, por assim dizer *tropicaliza* a ironia, apontando *uma* das rotas pela qual pode perfazer-se o trânsito dos clássicos de uma cultura para outra, de um tempo para outro, de uma audiência para outra.[23]

O pinto não era andante, não tinha viseira, mas fora alimentado da mesma forma que Quixote. A cena fazia parte do horizonte de expectativa de Emília e ela, de imediato, fez a associação entre o pequeno animal doente e o cavaleiro da triste figura. "Dona Benta riu-se da asneirinha e continuou." Respeitou o comentário de Emília, leitora iniciante, que precisava passar pelo exercício de relacionar, comparar, imaginar, para realizar a sua leitura, mesmo que seu comentário fosse considerado uma asneira.

Ao continuar a narrativa, Dona Benta contou que um dos passos para ser armado cavaleiro era passar a noite velando as armas. Ouvindo as explicações sobre o ritual, Emília exclamou: "Quanta besteira, meu Deus! E ainda

24   Idem, ibidem, p.23.
25   LAJOLO, Marisa. Lobato, um Dom Quixote no caminho da leitura In: *Do mundo da leitura para a leitura do mundo*. São Paulo: Editora Ática, 1997.

me chamam de asneirenta. Asneirenta é a humanidade." [24], assim expressando seu sentimento de superioridade em relação aos homens. Parte do trabalho de adaptação de Dona Benta era tentar trazer o enredo para perto da realidade dos seus leitores, apontando para sua plateia "os elementos necessários ao fortalecimento da verossimilhança, da compreensão, do envolvimento." [25] Um exemplo disso é a narração do momento em que Dom Quixote salva um jovem chicoteado pelo seu amo: "Num ápice estava no ponto donde vinham os gritos. Que vê lá? Um menino, assim um pouco maior que Pedrinho, amarrado a um tronco de árvore a receber uma tremenda sova de correia." [26] Talvez o artifício de Dona Benta tenha alcançado o resultado esperado. Narizinho e Pedrinho ficaram indignados com a injustiça sofrida pelo menino, que de repente, pela descrição, pareceu tão próximo deles. Pedrinho disse que gostaria de buscar o homem que o surrou para "rachar o brutamontes de alto a baixo com a lança." [27] Emília, de imediato, falou:

> – Com a espada – emendou Emília. – Lança é só para espetar.
> – Com a lança ou espada – insistiu Pedrinho. Com essas duas armas pode-se fazer as duas coisas – rachar ou espetar.
> – Não pode – contestou Emília. – Espada corta; o que não corta racha.
> – Pode, sim, boba. Machado corta e racha.
> – Mas lança não racha.
> – Racha!
> – Não racha!
> – Racha!

26   LOBATO, Monteiro. op.cit., p.23.
27   LAJOLO, Marisa. op.cit., p.100.
28   LOBATO, Monteiro. op.cit. p.28.
29   Idem, ibidem, p. 32.

Essa discussão sobre as funções de uma lança mostram que Emília começa a sentir-se íntima dos objetos usados por Dom Quixote e familiarizada com o vocabulário, que a princípio parecia tão distante. Mais adiante, quando Dona Benta narrou que um dos inimigos de Quixote partiu a sua lança ao meio, em dois pedaços, "e malhou com um deles no cavaleiro como quem malha feijão", Emília perguntou: Com que pedaço ele malhou? (...) Com o mais grosso ou o mais fino?" Dona Benta não respondeu.

Ainda sobre as palavras desconhecidas, Dona Benta explicou aos meninos o que significa o vocábulo "nédia", atribuído às mulas, o mesmo que gorda. Pedrinho pergunta se pode dizer que uma moça é nédia, mas Dona Benta explica que a palavra só pode ser aplicada aos animais. Emília corrige: "Mas a moça também é animal – objetou Emília. – Vegetal não é, apesar de haver moças chamadas Margaridas, Violeta, Rosa..." [28]

No dia seguinte, todos amanheceram contando os sonhos que tiveram inspirados pelas aventuras quixotescas, fato que demonstra o quanto a plateia de Dona Benta envolveu-se com a leitura, a ponto de sonhar durante a noite. O sonho de Emília é colocado na narrativa como "o melhor":

> – Ah, vocês nem calculam a sova que eu dei no tal malvado patrão de André! Ele apareceu por aqui, com aquela cara lavada de sem-vergonha.
> – Senhorita, poderá fazer o obséquio de dizer-me se é aqui o Sítio de Dona Benta? – perguntou muito amável.
> Eu, que sabia a malvadeza dele, fiz-me de tola.
> –É sim, seu cara-de-coruja. Que deseja vossa senhoria?
> –Vim ver se não está escondido aqui um tal Andrezinho, um menino que eu quero muito, muito bem! De medo

30 Idem, ibidem, p. 33.

dum doido vestido de armadura que a correr as estradas, ele fugiu lá do meu sítio e...

– Ah, sei, disse eu. Um tal Dom Quixote, não é? Um cavaleiro malvado, que corre mundo a surrar as crianças, não é?

O homem desconfiou um bocadinho. Eu continuei:

– Está aqui, sim. Está escondidinho no quintal, de medo do tal cavaleiro de ferro que bate nas crianças. Vamos até lá.

E levei-o ao quintal, onde Quindim estava pastando sossegadamente. O homem nunca tinha visto rinoceronte. Assustou-se.

– Que é aquilo? Aquele monstro?

– Não tenha medo, respondi. É um rinoceronte de mentira que Pedrinho fez. De papelão. Não chifra.

– Mas como está pastando?? Perguntou ele.

– Está pastando de mentira, bobo. Tudo é de mentira. Pedrinho é um danado para fazer coisas assim.

– O homem acreditou e foi se aproximando do Quindim. E eu:

– O Andrezinho está escondido atrás desse bicho de papelão.

Ele foi chegando, chegando... De repente, gritei:

– Pega, Quindim! E Quindim deu um daqueles botes famosos – com o chifrão apontado, feito lança de Dom Quixote.

Nossa Senhora! Queria que vocês ouvissem o berro que o homem deu. Saiu numa disparada que mais parecia veado. Na porteira do pasto tropicou numa pedra e fez o mesmo que Rocinante: afocinhou. Rachou o nariz. E Quindim em cima, *fuqt fuqt*, espetando-o com o chifre. E eu cá a berrar...[29]

Narizinho desconfiou de Emília, achando que aquilo não era um sonho, somente mais uma de suas lorotas. Nessa história contada por Emília temos mais um nível de adapta-

31   Idem, ibidem, p. 45-46.

ção. Como dissemos anteriormente, as adaptações foram: a primeira do espanhol para o português, feita pelos tradutores; a segunda do português para o encaixe do enredo quixotesco com os personagens do Sítio, feita por Lobato; a terceira do texto traduzido para o texto acessível aos leitores, feita por Dona Benta e agora a quarta adaptação feita por Emília, que reconta o texto usando suas expressões – "Cara-de-coruja", "fuqt-fuqt", "afocinhou" – e sua forma de pensar, sempre conseguindo enganar os outros com facilidade.

Emília, no desejo de fazer justiça, constrói uma história dentro da história, onde ela pode atuar do jeito que acha mais correto. O aliado, seu amigo Quindim, tem um chifre pontudo como a lança de Dom Quixote. A vingança foi ver o homem malvado cair como Rocinante caíra anteriormente, de nariz no chão. Aos poucos Emília vai envolvendo-se mais e mais com a história de Quixote. Em um de seus suspiros, depois de ouvir mais uma declaração de amor de Dom Quixote por sua amada, Dulcineia del Toboso, ela confessa:

– Ai, ai! – suspirou Emília. – Quem me dera ter um cavaleiro andante que corresse o mundo berrando que a mais linda de todas as bonecas era a Senhora Emília del Rabicó...

– Que adiantava isso, boba? – disse Narizinho.

– Adiantava que eu ficaria bem ganjenta cá comigo. E também poderia receber muitos presentes. Com certeza esse biscainho, quando foi pôr-se às ordens da tal Dulcineia, lhe levou algum presente.

– Levou nada – gritou Pedrinho. – De medo, quando Dom Quixote os derrotava, esses patifes prometiam tudo, como aquele patrão do Andrezinho. Mas logo que o cavaleiro se afastava, era só nomes feios que diziam contra ele e mais a Dulcineia. Se fosse você uma Dulcineia, Emília, tinha de andar com a orelha em fogo o dia inteiro.

– Mesmo assim eu queria. Podia de repente aparecer

um Cervantes que contasse a história num livrão como este, e me deixasse célebre no mundo inteiro como ficou a Dulcineia.

Narizinho fez um muxoxo.

– Exigente! Você já anda bem famozinha no Brasil inteiro, Emília, de tanto o Lobato contar as suas asneiras. Ele é um enjoado muito grande. Parece que gosta mais de você do que de nós – conta tudo do jeito que as crianças acabam gostando mais de você do que de nós. É só Emília pra cá, Emília pra lá, porque a Emília disse, porque a Emília aconteceu. Fedorenta...

– Isso mesmo! – apoiou Pedrinho. – Um dia desses, eu agarro essa diaba e jogo "Dom Quixote" em cima dela. Merece ficar mais chata que o Visconde.[30]

Emília deseja ser uma personagem famosa como Dulcineia del Toboso, a musa de Dom Quixote. Deseja ser conhecida, receber presentes. Queria que aparecesse um Cervantes para contar sua história e divulgá-la pelo mundo todo. Narizinho lembra a Emília que ela já é uma personagem famosa e que já existe um escritor – Lobato – que conta as suas asneiras de um jeito que faz todo mundo gostar mais dela do que dos outros personagens do Sítio. Pedrinho apoia e ameaça jogar o enorme livro de Cervantes em cima dela.

Esse diálogo desenvolve uma discussão dentro do contexto autor-enredo-personagem. É interessante ver que Narizinho, Emília e Pedrinho colocam-se como seres reais, cuja vida é contada por um escritor chamado Lobato. Nesse momento do texto, fica parecendo para o leitor que eles todos – inclusive Quixote e Dulcineia – existem de verdade e que o escritor (e não o autor) apenas narra o que acontece em suas vidas, como um repórter.

Eles sabem que Lobato relata o que eles fazem, publica

---

32   Idem, ibidem, p. 61.

em livros e que esses livros chegam aos leitores, que julgam o que está escrito. Mais adiante, Dona Benta repreende Emília quando ela diz a palavra besteira. "Lá vem você com as palavras plebeias! Muitas professoras, Emília, criticam esse seu modo desbocado de falar. 'Besteira!' Isso não é palavra que uma bonequinha educada pronuncie. Use uma expressão mais culta. Diga, por exemplo, 'tolice'." [31]

Dona Benta refere-se às críticas recebidas por Lobato em relação ao modo de falar de Emília. Esse trecho mostra a consciência de que as histórias do Sítio têm leitores e receptores críticos, que avaliam os comportamentos das personagens. Essa consciência do personagem sobre sua condição de personagem também está presente na obra de Miguel de Cervantes. Nos capítulos II e III da segunda parte da obra *O engenhoso fidalgo Dom Quixote de la Mancha,* o próprio Quixote, Sancho Pança e o bacharel Sansón Carrasco, conversam sobre a recepção da primeira parte do livro sobre Dom Quixote. Ao conhecer Sansón Carrasco, Quixote perguntou:

> – (...) É verdade que há uma história minha, e que foi mouro e sábio quem a compôs?
>
> – Tão verdade é, senhor – respondeu Sansón – que tenho para mim que no dia de hoje estão impressos mais de doze mil livros de tal história; se não, digam-no Portugal, Barcelona e Valência, onde foram impressos; e corre ainda o boato de que se encontra no prelo em Antuérpia, e a mim me transluz que não há de haver nação ou língua em que se não há de traduzi-lo. (...)
>
> – Mas diga-me Vossa Mercê, Senhor Bacharel: que façanhas minhas são as que mais se consideram nessa história?
>
> – Nisso – respondeu o bacharel – há diferentes opiniões, assim como há diferentes gostos. Atêm-se uns à aventura dos moinhos de vento, que a Vossa Mercê pareceram

---

33 Idem, ibidem, p. 195.

Briaréus e gigantes; outros, à dos pilões; este, à descrição dos dois exércitos, que depois pareceram ser duas manadas de carneiros; aquele encarece a do morto que levavam a enterrar em Segóvia; um diz que a todas se avantaja a da libertação dos galeotes; outro, que nenhuma se iguala à dos dois gigantes beneditinos, com a pendência do valoroso biscainho.

– E de mim – completou Sancho – pois também dizem que sou um dos principais *prisionagens* dela.

– *Personagens*, e não *prisionagens*, amigo Sancho – corrigiu Sansón.

– Temos outro corregedor de *vocablos*? – replicou Sancho. – Se vamos começar com isso, não acabaremos pelo resto da vida.

– Má vida me dê Deus, Sancho – respondeu o bacharel – se não sois a segunda pessoa da história. E há quem mais aprecie ler o que se escreveu sobre vós que o que se disse sobre o herói principal, posto que haja também quem diga que andastes demasiado crédulo ao acreditar que pode ser verdade o governo daquela ilha oferecida pelo senhor Dom Quixote aqui presente.[32]

Durante uma visita a uma tipografia, em Barcelona, Quixote conhece de perto os processos de composição, tradução, revisão e impressão dos livros. Segundo Roger Chartier, "a presença da tipografia é mais do que um simples cenário para o enredo. Ela inscreve no próprio livro o lugar e o processo que torna possível sua publicação." [33] Durante este passeio, uma alusão da construção do livro dentro do livro, Quixote vê a obra escrita sobre ele:

32 CERVANTES SAAVEDRA, Miguel de. *O engenhoso fidalgo Dom Quixote de la Mancha*, 3. ed. Belo Horizonte: Villa Rica, 1991. v. 2. Ilustrações: Gustavo Doré. Tradução e notas: Eugênio Amado. pp. 30-32.

33 CHARTIER, Roger. *Os desafios da escrita*. Tradução de Fulvia M.L. Moretto. São Paulo: Ed. Unesp, 2002. p. 34.

Passou adiante e viu que igualmente estavam emendando um outro livro. Perguntando seu título, responderam-lhe que se chamava a *Segunda parte do engenhoso fidalgo Dom Quixote de la Mancha*, composta por um fulano residente em Tordesilhas.

– Já tenho notícias deste livro – disse Dom Quixote –, e na verdade acreditava piamente que já fora queimado e reduzido a pó, por impertinente. Mas seu dia de São Martinho há de chegar, como o chega a todo porco, pois as histórias inventadas tanto têm de boas e deleitosas quanto mais se aproximam da verdade ou de sua semelhança; e as verídicas, quanto mais verdadeiras, melhores são.[34]

No livro *Pica-pau Amarelo*, Lobato promove um encontro de Dom Quixote, Sancho Pança e todo pessoal do Sítio. Durante a estadia na casa de Dona Benta, Quixote conversou sobre o que pensa do fato de ser personagem de um livro de Miguel de Cervantes:

Dom Quixote tomou a palavra:

– (...) Hoje estou velho, cansado e difamado. O tal Cervantes escreveu um enorme livro em que me pinta como me imaginou – não como na realidade sou. E o mundo cruel aceita com a maior ingenuidade tudo quanto esse homem diz...

– Console-se comigo – disse o Capitão Gancho. – Tive o meu Cervantes num historiador inglês de nome Barrie. O qual me meteu a riso diante do mundo inteiro. Imagine, senhor Dom Quixote, que esse Barrie me pinta em seu livro como derrotado várias vezes por uma criança – um menino de nome Peter Pan! E, ainda mais, como perseguido e devorado por um jacaré... Ora, isso é infâmia pura, porque na realidade sou um dos maiores chefes de flibusteiros do mundo e gozo de perfeita saúde.

34 CERVANTES SAAVEDRA, Miguel de. op.cit., p.460

Emília, que estava ouvindo a conversa, não se conteve:

– Desculpe, "seu" Gancho, mas eu sei da esfrega que o senhor levou de Peter naquele dia do combate. Não queira negar. Peter Pan bateu-se com valentia rara, escapou de todos os golpes que o senhor lhe deu e foi levando o senhor até a amurada do navio. (...)

– Sim, é isso o que os livros dizem – concordou o velho pirata – mas tanto é falso que aqui estou, são como um pero.

– Mas eu li! – gritou Emília.

– E que tem que você tenha lido, bonequinha? O fato de a gente ler uma coisa não quer dizer que seja exata. Os livros mentem tanto como os homens.[35]

Vemos que Lobato repete o recurso utilizado por Cervantes. Roger Chartier, citando Jorge Luis Borges, nos diz que "o fato de os protagonistas serem também leitores ou comentadores do *Quixote* era uma das 'magias parciais' do romance. Para ele, esse artifício literário constituiu uma das poderosas invenções graças à qual Cervantes fundiu o mundo do texto e o mundo do leitor:

Por que nos inquieta que Dom Quixote seja leitor do *Quixote* e Hamlet seja espectador de *Hamlet*? Creio ter encontrado a resposta: tais inversões sugerem que se os personagens de uma ficção podem ser leitores ou espectadores, nós mesmos, seus leitores e espectadores, podemos ser fictícios.[36]

Podemos dizer também que essa fusão de leitores e leituras reais no mundo real e no mundo do Sítio é uma das magias de Lobato, "como a escrita de um palimpsesto: um

---

35 LOBATO, Monteiro. *O pica-pau amarelo*, p. 102.
36 BORGES, Jorge Luis. Magias Parciales del Quijote. In: *Otras inquisiones*. Madrid: Alianza Editorial, 1952 *apud* CHARTIER, Roger. *Os desafios da escrita*. São Paulo: Ed. Unesp, 2002. A tradução do espanhol para o português foi feita, em nota de rodapé, por Fulvia M. L. Moretto.

texto sobre outro texto." [37]. Se imaginamos que Pedrinho, Narizinho, Emília, Dona Benta têm nas mãos os livros escritos por Lobato da mesma forma que nós, se eles leem os textos, sabem das opiniões das críticas sobre eles, estão em algum lugar próximo, palpável, alcançável, mas que só atingimos através da leitura. Essa consciência dos personagens é mais um dos pontos de coincidência e genialidade de Cervantes e Lobato.

Voltando à sala do Sítio, estavam todos no meio da leitura quando tia Nastácia trouxe os restos mortais do Visconde para a sala. Os pica-paus lamentavam o estado do amigo e culpavam Emília por mais uma das mortes do Visconde. Dona Benta repreendeu Emília por ter sido responsável pela tragédia que aconteceu com Visconde, dizendo que aconteceu "tudo por artes da Senhora Emília". Mas a boneca protestou:

> – Minhas, não, Dona Benta. Artes de Dom Quixote. Foi Dom Quixote quem fez uma aventura para cima dele e o esborrachou com a lança. Quem manda...
>
> – Quem manda o quê, Emília?
>
> – Quem manda o Visconde meter-se a valente? Dom Quixote estava quieto dentro do livro, com sua espada, seu escudo, sua lança no cabido. Veio o Visconde com a escada. Ora, Dom Quixote não é certo da bola. Pensou que a escada fosse alguma asa de moinho de vento e o Visconde algum mágico – o tal mágico Freston. E atirou-se em cima dele. O bobo do Visconde, em vez de desviar-se, ou aparar o golpe com um escudo, esperou que o livrão caísse e o achatasse. Por isso está quadradíssimo, espandongadíssimo. Felizmente eu salvei a ciência dele...[38]

---

37   HELENA, Lucia. Dom Quixote e a narrativa moderna. In: *A narrativa ontem e hoje*. Rio de Janeiro: Editora Tempo Brasileiro, 1984. p. 95.

38   LOBATO, Monteiro. *Dom Quixote das crianças*, p. 72.

Antes de começar a ler e a conhecer quem era Dom Quixote, Emília justificava o achatamento de Visconde apenas dizendo que ele era consertável e que Pedrinho poderia resolver o problema. Já quase no meio da leitura, no décimo capítulo do livro de Lobato, Emília vê a mesma cena com outros olhos. Ela já conhecia a personalidade de Quixote, portanto fez uma leitura baseada nas informações que ela já tinha sobre seus medos. Para Emília, Quixote mora dentro do livro e só é despertado quando alguém o toca. Visconde tirou o livro da estante com muita falta de jeito, subindo na escada e usando uma alavanca. Dom Quixote, que, segundo ela, "não é certo da bola", confundiu a escada e o Visconde com seus inimigos, por isso atacou o sabugo.

Aqui Emília constrói uma linda metáfora sobre a leitura e sobre a vida das personagens. Quixote vive quieto dentro do livro. Se for aberto com cuidado, lido passo a passo, ele revive suas aventuras, como estava acontecendo, a cada noite, nos serões de Dona Benta. Aqui vemos a leitura como um despertar e, ao mesmo tempo, uma libertação da personagem.[39] Quixote é liberto a cada leitura. Mas precisa ser despertado com jeito, ainda mais no caso desse cavaleiro que tem uma maneira tão peculiar de ver a realidade pelo avesso. Tocar no livro é dar vida aos personagens. Em uma biblioteca, estão todos quietos, calmos, esperando que alguém os liberte para que possam contar a sua vida.

Além disso, para Emília, a personagem tem ainda o poder de interferir materialmente no universo do leitor. Quixote não apareceu, mas ele viu Visconde, viu a escada, sentiu-se ameaçado e acabou por jogar-se por cima dele. Outra metáfora para dizer que as personagens e os enredos podem interferir diretamente na vida do leitor. Isso é cada vez mais

---

39   VIEIRA, Adriana Silene. *Um inglês no Sítio de Dona Benta. Estudo da apropriação de Peter Pan na obra infantil lobatiana.* 1998. Dissertação de Mestrado. Departamento de Teoria Literária. Unicamp.

comprovado ao longo da leitura de Dom Quixote no Sítio de Dona Benta.

Para solucionar o problema causado por uma boneca curiosa e um personagem vingativo, Tia Nastácia fez outro Visconde com um novo sabugo de milho, deixando uma carreira de 25 grãos de alto a baixo e com a cabeça, pernas e braços do Visconde velho. Mesmo assim, o sábio permanecia mudo. Por mais que fosse sacudido, não dava sinal de vida.

Emília teimava em dizer que o caldo que ela recolheu no momento do seu achatamento continha a sua ciência, mas todos discordavam:

> – Essa está de bom tamanho! – exclamou Pedrinho. – Ciência líquida! Só mesmo você poderia descobrir isso. Ciência não é coisa sólida, nem líquida. Poderá ser gasosa – um fluido, um gasinho, como alma de pessoa.
> – Pois a dele era líquida – tornou Emília. – Já fiz a experiência e vi que o que está no vidrinho é ciência pura. Pinguei um pinguinho numa formiga, que imediatamente ficou científica. (...) Nos livros a gente lê constantemente assim: "uma questão líquida", "ponto líquido", "assunto líquido". Ora, se uma questão, um ponto ou um assunto podem ser líquidos, por que a ciência não poderá ser também?[40]

Emília só conseguiu provar que sua hipótese estava certa quando pingou no novo Visconde algumas gotas do caldo da ciência e, de imediato, ele moveu o corpo e murmurou: "A matéria atrai a matéria na razão direta das massas e na razão inversa do quadrado da distância." [41]

Logo que despertou, juntou-se à turma que estava ouvindo a história de Dom Quixote. Assim que Dona Benta

---

40 LOBATO, Monteiro. *Dom Quixote das crianças*, p. 62.
41 Idem, ibidem, p. 73.

contou as primeiras aventuras de Quixote, o Visconde, desmemoriado, perguntou: "Quem é esse doido?". O caldinho que Emília recolheu não era de memória líquida, era só de ciência. Emília respondeu a pergunta: "Pois não sabe? – gritou Emília. É o famoso cavaleiro andante da Mancha, aquele que achatou você." [42]

Emília destaca bem a região de Dom Quixote: a Mancha, na Espanha. Mesmo referindo-se a outro continente como a residência de Quixote, em seguida, Emília complementa: "aquele que achatou você". Qual poder poderia transpor a barreira da distância e, de forma tão rápida, fazer um cavaleiro espanhol atacar um sabugo intelectual brasileiro? O poder da leitura, a mágica dos livros.

O que Emília chama de "não ser bom da bola", ser louco, Pedrinho chama de coragem. O menino admira a coragem de Quixote ao enfrentar os perigos, de ir "de lança e espada em cima como se fossem carneiros".[43] Já Narizinho lamenta que ele não vença todas as batalhas, mas culpa seu criador, Cervantes, por não permitir que Quixote saia vencedor em suas andanças. Dona Benta pondera, lembrando que Cervantes teve a intenção de satirizar os romances de cavalaria onde os heróis vencem sempre. Então Pedrinho lembra-se novamente da leitura de *Carlos Magno e os doze pares de França*, e confessa como ficou envolvido com o texto:

> – Eu explico tudo, vovó. Foi na semana que caiu em casa aquele livrinho da história de *Carlos Magno e os doze pares de França*. Comecei a ler e fui me esquentando, me esquentando, me esquentando até que não pude mais. Minha cabeça virou – ficou assim como Dom Quixote. Convenci-me de que eu era o próprio Roldão. E fui lá no quarto dos badulaques e tirei aquela espada que pertenceu

42   Idem, ibidem, p. 73.
45   Idem, ibidem, p. 100.

ao velho tio Encerrabodes, e amolei-a no rebolo, bem amoladinha. E quando a senhora saiu com tia Nastácia e Narizinho para visitar o compadre Teodorico, ah, que regalo! Corri ao milharal e não vi nenhum pé de milho na minha frente. Só vi mouros! Eram 300 mil mouros! Ah! Caí em cima deles de espada que foi uma beleza. Destrocei-os completamente. Não ficou um só. Que coisa gostosa. (...) Mas não fui eu, vovó. Foi Roldão. Ele encarnou-se em mim, juro. Essas coisas acontecem na vida, a senhora sabe.[44]

Dona Benta sabia. Leitora de muita experiência, ela conhecia bem o poder de envolvimento das leituras, tanto que disse: "Como vocês estão vendo, a loucura de Quixote é coisa mais comum do que se pensa. O que Pedrinho fez não passa duma quixotada. Quem se encarnou em você não foi Roldão – foi o herói da Mancha..."[45]

A confissão do Pedrinho representa uma compreensão das atitudes de Quixote e uma confirmação de que os tais romances de cavalaria podem mesmo enlouquecer o leitor. Quixote é absolvido, por Pedrinho e por Dona Benta. Não é mais considerado um maluco, mas alguém que passa por um processo comum aos leitores de romance como *Carlos Magno e os doze pares de França*.

Mesmo antes de ler e conhecer Quixote, Pedrinho já apresentava atitudes semelhantes às suas, o que faz com que as experiências do cavaleiro estejam presentes no seu horizonte de expectativa. Porém, a leitura de Dom Quixote aprofunda esse envolvimento, pela multiplicidade das aventuras e instiga Pedrinho a continuar acreditando na luta contra as injustiças. Mesmo durante a leitura de Dom Quixote, já conhecendo a espécie de doença que acomete os leitores deste tipo de romance, Pedrinho confirma: "não fui eu, foi Roldão."

46   Idem, ibidem, p. 102.
47   Idem, ibidem.

Emília volta a participar dos comentários sobre o texto quando Dona Benta comenta a loucura de Quixote, "dando vira-cambotas" e diz que a loucura é a coisa mais triste que há. Sobre isso, Emília filosofa:

> – Eu não acho – disse Emília. – Acho-a até bem divertida. E, depois, ainda não consegui distinguir o que é loucura do que não é. Por mais que pense e repense, não consigo diferençar quem é louco de quem não é. Eu, por exemplo, sou ou não sou louca?
> – Louca você não é, Emília – respondeu Dona Benta. – Você é louquinha, o que faz muita diferença. Ser louca é um perigo para a sociedade; daí os hospícios onde se encerram os loucos. Mas ser louquinha até tem graça. Todas as crianças do Brasil gostam de você justamente por esse motivo – por ser louquinha.
> – Pois eu não quero ser louquinha apenas – disse Emília. – Quero ser louca varrida, como Dom Quixote – como os que dão cambalhotas assim... – E pôs-se a dar vira-cambotas na sala.[46]

Narizinho reclamou da atenção demorada de Dona Benta para as questões de Emília dizendo "a senhora até parece o Lobato – Emília, Emília, Emília", voltando a trazer à tona a consciência de que todos são personagens do livro desse autor – Lobato – que tem preferência por Emília. Dona Benta volta a lembrar a recepção, a existência do público leitor, quando diz a Emília que todas as crianças do Brasil gostam dela por ser louquinha.

A discussão sobre a loucura é um dos pontos centrais da obra de Cervantes. Quixote era louco ou estava louco por causa dos livros? A partir disso, Emília questiona a sua própria sanidade: "Eu, por exemplo, sou ou não louca?". Mais

---

48   Idem, ibidem, p. 125.

uma vez, Quixote é perdoado. Sim, ele parece louco, mas Emília defende a loucura, dizendo que acha-a até divertida. Tanto que não luta contra o efeito quixotesco e passsa a agir de fato como uma "perfeita louca", pulando pela sala e dando "vira-cambotas" como Dom Quixote. É o ponto alto do texto. Ao ver sua boneca enlouquecida, Narizinho comentou: "As histórias de Dom Quixote estão virando a cabeça dela. Você vai ver, Pedrinho: o fim de Emília é no hospício." Mais uma vez, a culpa recai sobre a atenção exagerada que Emília tem recebido, pois segundo Pedrinho o problema acontece porque "aqui quem manda é ela. Tudo quanto ela faz aquele sujeito conta nos livros. Daí a ganja. Emília já não respeita ninguém. Não obedece a ninguém, nem a vovó." [47]

Narizinho compreende que a mudança de Emília deve-se à leitura. Pedrinho discorda, acha que ela está tão vaidosa pela atenção que recebe, que perdeu a noção de limite e de respeito. Logo ele, que também passou pelo mesmo acesso de loucura quando leu *Carlos Magno e os doze pares de França*, não estava compreendendo que Emília estava passando pela mesma situação.

As reações da boneca são o ponto alto do texto:

Emília continuava a dar vira-cambotas. Depois foi buscar um cabinho de vassoura e disse que era lança, e começou a espetar todo mundo. E botou um cinzeiro de latão na cabeça, dizendo que era o elmo de mambrino. Por fim, montou no Visconde, dizendo que era Rocinante. Foi demais aquilo. Narizinho não aguentou. Correu para cima dela e deu-lhe um peteleco.

Neste momento, Dona Benta voltou.

– Que barulhada é esta, meninos?

– É inveja, Dona Benta! – berrou Emília. – Esses dois não me aturam mais, de inveja pura, puríssima – e ria-se, ria-se...

---

49   Idem, ibidem, p. 152.

– Inveja de quê? – Perguntou Narizinho. – Tinha graça, termos inveja duma maçaroca de pano de Cr$ 1,50 o metro...

– Inveja, sim! – berrou Emília. – Sou de pano, sim, mas de pano falante, engraçado paninho louco, paninho aqui da pontinha. Não tenho medo de vocês todos reunidos. Aguento qualquer discussão. A mim ninguém me embrulha nem governa. Sou do chifre furado – bonequinha de circo. Dona Quixotinha...

Ainda por uns minutos Emília esteve naquela crise de cambalhotas e fanfarronadas de todo o tamanho. Depois, subitamente, sossegou.[48]

Dona Benta ficou preocupada com a loucura de Emília, mas continuou a ler. Quando ela narrou que o bacharel Carrasco, personagem do romance de Cervantes, havia sumido, notou que Emília também sumira. Mas prosseguiu a história de Quixote.

Pedrinho perguntou a Dona Benta se ela estava lendo a história na íntegra ou cortando algumas partes. Ela admite que está lendo resumidamente, pois a obra de Cervantes "passa de mil páginas numa edição in-16". Esse termo suscita a curiosidade de Pedrinho, e Dona Benta responde, dando uma aula sobre formatação do livro, medida do papel, dobras para impressão. Mais uma vez, o texto de Lobato atenta para a materialidade do livro, mostrando a sua intimidade, explicando como o livro é feito.

50   Idem, ibidem, p. 153.

A conversa é interrompida quando Narizinho chega para contar as novas loucuras de Emília:

> – Emília anda lá fora fazendo as maiores loucuras. Virou cavaleira andante e obrigou Rabicó a virar Rocinante. Arranjou escudo, lança, espadinha e até armadura. E quer atacar tia Nastácia, dizendo que não é tia Nastácia nenhuma, e sim a giganta Frestona. O pobre Visconde segue atrás como escudeiro, vestido de um (sic) roupa larga, que Emília encheu de macela para que ficasse gordo e barrigudo como Sancho. Só vendo, vovó! Está doida, doida...

Dona Benta não deu atenção e continuou sua leitura. Logo após contar o episódio em que Dom Quixote é preso em uma jaula, a narrativa foi interrompida pela chegada de tia Nastácia, contando as últimas peripécias de Dona Quixotinha:

> – Sinhá – veio ela dizer – Emília parece louca. Entrou na cozinha montada no Rabicó, toda cheia de armas pelo corpo, com uma lança e uma espada, e uma latinha na cabeça que diz que é o "érmo" de Mambrino, e começou a me espertar com a lança, gritando: "Miserável mágico! Por mais que te pintes de preto o (sic) ponha saias, não me enganarás! Pérfido! Infame encantador!" E uma porção de coisas assim, sem pé nem cabeça. E a diabinha me espetaria de verdade com a lança, se eu não jogasse no quintal umas cascas de abóbora. Rabicó foi voando para cima das cascas e levou consigo a louquinha. E o pobre Visconde atrás, Sinhá – isso é o que dá mais dó! O pobre Visconde barrigudo, carregando uns saquinhos que ele diz que é alforje...[49]

A solução encontrada para conter Emília foi a mesma aplicada para conter Dom Quixote: colocá-la em uma gaiola. Tia Nastácia engaiolou a cavaleira de pano e pendurou a

51   Idem, ibidem, p. 180.

gaiola na parede. De cima da gaiola, Emília revoltou-se contra as histórias de Dom Quixote e prometeu que, quando saísse da gaiola iria botar fogo no livro de Cervantes, na casa, no Sítio, no mundo inteiro. Tanto berrou e esperneou que acabou furando o pé, deixando escapar uma porção de macela. Emília chorou muito, gritando: "Meu pé está acabando. Meu pé está sumindo." Dona Benta teve pena e reconheceu que errou, dizendo que "para as perturbações mentais, violência não é remédio". Tirou-a da gaiola, pediu que tia Nastácia costurasse seu pezinho de pano. Emília acalmou-se, voltou a ficar contente e sentou-se no colo de Dona Benta, que disse: "Estão vendo? Bastou que a tratássemos com humanidade para que a loucura se fosse embora."

Continuando a leitura, Dona Benta fala do momento em que Dom Quixote dá conselhos a Sancho Pança sobre como governar melhor a ilha que ele recebeu. Aproveitando o mote, Dona Benta deu uns conselhos à boneca:

> – Nós todos aqui, Emília, gostamos muito de você – mas você às vezes se excede e abusa. O sábio na vida é usar a moderação em todas as coisas. Uma loucurinha de vez em quando tem sua graça; mas uma loucura varrida é um desastre e acaba sempre em hospício ou gaiola.
>
> Emília explicou-se.
>
> – Sei disso, Dona Benta, mas às vezes me dá comichão de fazer estrepolia grossa, com as do cavaleiro da Mancha. Porque eu não acho que isso seja loucura. É apenas revolta contra tanta besteira que há no mundo.[50]

Com essa explicação, Emília elucida a sua forma de compreender Quixote e justifica o que a influenciou. Por várias vezes durante o livro, Emília jogou luzes sobre os defeitos da humanidade, da qual ela não faz parte por ser uma boneca

---

52   Idem, ibidem, p. 195.

de pano. Quando Visconde comenta que "a maior maravilha que existe é o cérebro", Emília ironiza: "É verdade. Tudo quanto há na terra, feito pelos homens, sai dessa maravilha – as guerras, os crimes, as maluquices..." Por não fazer parte da espécie humana, ela tem mais condições de enxergar os erros dos homens, por isso revolta-se contra eles – contra os erros e seus causadores. Dom Quixote é humano, mas não considera-se um homem comum e sim um cavaleiro andante, que tem a obrigação de lutar contra as injustiças. Dona Benta diz que Sancho Pança

> tinha o sólido bom-senso dos homens do povo e todas as qualidades e defeitos do homem do povo, isto é, do homem natural, sem estudos, sem cultura outra além da que recebe do contato com seus semelhantes.
> Já em Dom Quixote vemos o contrário. Possuía alta cultura. Tinha todas as qualidades nobres e generosas que uma criatura humana pode ter – apenas transtornadas em seu equilíbrio. Quando vocês lerem a história de Dom Quixote como Cervantes a escreveu, convencer-se-ão de que o fidalgo da Mancha era um homem de alto engenho e muitas luzes – embora dementado pela mania do andantismo.[51]

Dona Benta estimula nas crianças o interesse em ler a obra no original, ler de verdade ao invés de "ler com os ouvidos" e aprofundar a compreensão do texto. Com suas análises e comparações, ela ensina a interpretar as personagens e enquadrá-las em um contexto, mostrando como é possível ler fazendo relações com o tempo, com outros textos e com o contexto onde autor e obra estão inseridos.

> Ouvindo as análises de Dona Benta, Emília assume:
> – Eu me sinto muito do jeito de Dom Quixote e nada

---

53   Idem, ibidem, p. 206.

do jeito de Sancho – confessou Emília. – Tudo quanto Dom Quixote faz eu acho certíssimo.

– É que você pertence ao tipo superior, Emília. Sancho representa o tipo inferior da humanidade – o realista, o terra a terra. Dom Quixote é o idealista, o sonhador. Um é a barriga; outro é o cérebro. Mas as coisas do mundo só andam quando os dois tipos se ligam. Um nada faz sem o outro.[52]

A identificação de Emília com Quixote é tão forte que ela sofre ao saber que ele morrerá no final. A boneca compreende que ele só morreu porque seu autor, "Saavedra com dois aa", o matou. Ela argumentou que ele poderia tê-lo deixado vivo, como um judeu errante. Dona Benta insiste, dizendo que morrer faz parte da natureza, mas Emília contesta:

– Bolas para a natureza! – gritou a boneca. – Para mim Dom Quixote não há de morrer. Não quero ouvir o resto da história. Até logo. Vou brincar com o Quindim e levo Dom Quixote bem vivinho dentro da minha cabeça. Não sou urubu. Não gosto de carniça. Até logo! – e saiu da sala correndo.[53]

Recusando-se a acreditar na morte de Dom Quixote, Emília nos fala sobre a vida eterna que têm os grandes personagens.

Por várias vezes, Narizinho quis contar a Emília a morte do cavaleiro da Mancha. Emília tapava os ouvidos.
– Morreu, nada! – dizia ela, – Como morreu, se Dom Quixote é imortal? Dona Benta ouvia aquilo e ficava pensativa...[54]

54 Idem, ibidem.
55 Idem, ibidem, p. 221.
56 Idem, ibidem, p. 224.

Quixote pode ter morrido ao final do enredo, mas sua triste figura continua viva cada vez que os livros que contam sua história são abertos por um novo leitor, principalmente se for um leitor como Emília, que levou as posturas e os ensinamentos de Quixote para sua vida, revoltando-se contra as terríveis asneiras da humanidade.

O encontro de Emília com o texto de Miguel de Cervantes pode ser considerado como um caso de *leitura-ação*? Antes de passarmos à análise e resposta, é preciso esclarecer o que seria essa *leitura-ação* e o que é um *leitor-agente*. A *leitura-ação* é aquela em que o leitor, que designamos *leitor-agente*, sofre uma modificação e passa a agir de forma diferente depois do convívio com texto. Se o texto que foi lido passar a fazer parte do cotidiano do leitor, inspirar suas ações, apontar caminhos, modificar suas opiniões ou operar qualquer mudança de perspectiva para o leitor, podemos dizer que aconteceu uma *leitura-ação*.

Para Hans Robert Jauss, "a função social da literatura somente se manifesta na plenitude de suas possibilidades quando a experiência literária do leitor adentra o horizonte de expectativa de sua vida prática, pré-formando o seu entendimento de mundo e assim retroagindo sobre seu comportamento social." [55]

Esse "horizonte de expectativa" é toda a bagagem que o leitor leva para o texto: suas experiências de leitura, conhecimento prévio do assunto que será lido, opiniões e juízo de valor sobre o tema que será tratado. Se a leitura do texto conseguir adentrar esse horizonte, ampliando-o, modificando-o, a leitura cumpriu a sua função social. Teóricos como Mikhail Bakhtin e Wilhelm von Humboldt estudaram o gênero *Bildungsroman,* ou *romance de formação*, para explorar as relações estreitas entre literatura e educação.

---

57   JAUSS, Hans Robert. *A história da literatura como provocação à teoria literária.* Tradução de Sérgio Tellaroli. São Paulo: Ática, 1999.

Bildung significa, simultaneamente, aprendizado e formação. Aprendizado na medida em que o herói *constrói*, a partir de um *telos* interior, a sua própria personalidade e seus princípios de ação moral. Formação, na medida em que instituições sociais (...) pelas quais transita o herói, procuram influenciá-lo, moldá-lo, direcioná-lo, segundo seus valores e normas específicas.[56]

Segundo Barbara Freitag, Mikhail Bakhtin desenvolve uma tipologia do romance, destacando o romance de viagem, o romance de provas, o romance biográfico e o romance de aprendizagem. Haveria um princípio estruturador básico, que vincula o herói à sua trama: a viagem, as provas e tentações, a biografia ou autobiografia, e, finalmente, o aprendizado. Para Bakhtin, a característica do romance de formação é a presença de vários desses tipos em um mesmo romance.

No enredo que envolve Emília em toda obra de Monteiro Lobato, estão presentes os listados por Bakhtin. As viagens (ao céu, ao país da gramática, a volta ao mundo); as provas (a caçada da onça; a mudança de tamanho da humanidade, a luta pelo petróleo); as tentações (reformar a natureza escondido); a biografia ou autobiografia (em *Memórias da Emília*) e finalmente o aprendizado (durantes as aulas e serões de Dona Benta).

Desta forma podemos dizer que Monteiro Lobato pode ser considerado um educador, um autor de uma coleção formada por romances de formação ou *bildungsroman*. Dentro deste universo, as fronteiras entre literatura e educação, buscamos estudar na obra de Monteiro Lobato apenas um pequeno aspecto: a formação para a leitura. Mais uma vez, retomemos a pergunta: o encontro da personagem Emília com o texto de Cervantes é um caso de *leitura-ação*?

---

58 FREITAG, Barbara. *Literatura e educação*. Rio de Janeiro: Tempo Brasileiro, 1993.

Achamos que sim, não somente para Emília, mas para os outros leitores do Sítio. Um dos sinais de que esta ação ocorreu depois da leitura são as constantes citações do texto de Cervantes nos livros posteriores à publicação. Em *Memórias da Emília*, livro publicado no mesmo ano de publicação de *Dom Quixote das crianças*, Emília apresenta uma mudança quase radical. Em suas confissões, ao final do livro, a bonequinha declara seu amor a todos do Sítio, inclusive à tia Nastácia, destratada por Emília muitas vezes, e ao Visconde. Para falar sobre os seus sentimentos, a boneca cita Quixote:

> Dizem todos que não tenho coração. É falso. Tenho, sim, um lindo coração – só que não é de banana. Coisinhas à toa não o impressionam, mas ele dói quando vê uma injustiça. Quando vejo certas mães baterem nos seus filhinhos, meu coração dói. Quando vejo trancarem na cadeia um homem inocente, meu coração dói. Quando ouvi Dona Benta contar a estória de Dom Quixote, meu coração doeu várias vezes, porque aquele homem ficou louco apenas por excesso de bondade. O que ele queria era fazer o bem para os homens, castigar os maus, defender os inocentes. Resultado: pau, pau e mais pau no lombo dele. Ninguém levou tanta pancadaria como o pobre cavaleiro andante. E estou vendo que é isso que acontece a todos os bons. Ninguém os compreende. Quantos homens não padecem nas cadeias do mundo só porque quiseram melhorar a sorte da humanidade?...[57]

No começo do *Dom Quixote das crianças*, o narrador diz que Emília não se preocupou com o achatamento de seu amigo Visconde sob o peso do livro de Cervantes porque não tinha coração. No livro seguinte, Emília fala sobre seus afetos de forma emociada e sensível. A mudança de perspectiva

59   LOBATO, Monteiro. *Memórias da Emília*, p. 141.

da personagem pode ter sido uma maneira de o próprio Lobato responder às críticas que Emília recebera na época. Ou, vendo pelo ângulo da experiência estética da personagem-leitora, podemos dizer que a leitura de Dom Quixote ocasionou uma mudança declarada nos sentimentos de Emília?

Ainda no seu livro de memórias, Emília relembra Quixote quando, em sua imaginação, propõe à estrela infantil Shirley Temple uma encenação da obra de Cervantes:

> – Ótimo, Shirley! – exclamei entusiasmada. E enredo já tenho um excelente na cabeça. A bordo vim todo o tempo pensando nisso.
> – Qual é?
> – Uma fitinha tirada do *Dom Quixote de la Mancha*. Conhece a história?
> – Se conheço! É de todos os livros o de que gosto mais. Já o li três vezes!
> – Pois muito bem – disse eu. O Visconde será Dom Quixote. Eu serei o moinho de vento. O anjinho será Sancho Pança...
> – Que judiação! – exclamou Shirley com os olhos em Flor das Alturas. Fazer dum encantinho destes um gorducho daqueles...
> – Tudo por brincadeira, Shirley. Quanto mais maluco, mais engraçado. E você fará o papel do cura da aldeia.
> – Não! – gritou Shirley! Quero fazer o papel de Rocinante! Que amor de cavalo aquele...[58]

No livro *Pica-pau Amarelo*, quando Quixote passa uma temporada no Sítio juntamente com seu amigo Sancho Pança, acontece o encontro dos dois personagens, Emília e Quixote. Em diversas ocasiões, a bonequinha não hesitou em declarar sua admiração pelo cavaleiro da triste figura:

60 Idem, ibidem, p. 123.

Mas houve um personagem que ficou ao desabrigo: Dom Quixote. Com a sua mania de proezas e mais proezas, só trouxera o escudo, a espada e a lança – esquecera de trazer casa. E andava às tontas pelas Terras Novas, procurando qualquer coisa, montado no Rocinante, com o gordo Sancho Pança atrás.

– Dom Quixote gosta muito de hospedarias – lembrou Narizinho. – Aposto que está procurando uma.

– Mas não acha, porque aqui não há – disse Pedrinho. O remédio é hospedar-se no castelo de alguma das princesas.

– Seria no meu, se eu fosse princesa – disse Emília. Acho Dom Quixote o suco dos sucos. A loucura chegou ali e parou. Adoro os loucos. São as únicas gentes interessantes que há no mundo.[59]

(...) Lá encontrou o Dom Quixote desajeitadamente sentado na redinha de Dona Benta, com os dois meninos a fazerem os maiores esforços para lhe tirar do rosto a viseira. O fecho de metal havia emperrado.

– O jeito é empregar o ferro de abrir latas – lembrou Emília, e correu em procura do instrumento. Pedrinho, que era mestre em abrir latas de sardinha e azeitonas, num instante abriu a cara de Dom Quixote.

– Que magreza, Santo Deus! Mas que nobreza de feições! – Emília declarou não existir no mundo homem mais "magramente belo" do que aquele.[60]

Emília e Quixote chegam a conversar sobre sua condição de personagens e sobre como poderiam defender-se de equívocos e injustiças por parte dos autores que escrevem sobre suas vidas. Quixote reclama de Cervantes, mas Emília não diz nada contra Lobato:

---

61   Idem. *O pica-pau amarelo*, p. 30.
62   Idem, ibidem, p. 34.

Lá na varanda, Dom Quixote conversava com Dona Benta sobre as aventuras, e muito admirado ficou de saber que sua história andava a correr mundo, escrita por um tal Cervantes. Nem quis acreditar, foi preciso que Narizinho lhe trouxesse os dois enormes volumes da edição de luxo ilustrada por Gustavo Doré. O fidalgo folheou o livro muito atento às gravuras, que achou ótimas, porém falsas.

– Isso não passa duma mistificação! – protestou ele. – Esta cena aqui, por exemplo. Está errada. Eu não espetei este frade, como o desenhista pintou – espetei aquele lá.

– Isto é inevitável – disse Dona Benta. – Os historiadores costumam arranjar os fatos do modo mais cômodo para eles, por isso a História não passa de histórias.

– Mas é um abuso! – insistiu o fidalgo. – Eu, que sempre me bati pelas melhores causas, não merecia que me atraiçoassem deste modo.

Por fim fechou o livro, não quis ver mais.

– O meio – disse Emília – é o senhor mesmo escrever a sua história, ou as suas memórias, como eu fiz.

Dom Quixote admirou-se de que aquela pulguinha humana tivesse memórias.

– Tenho sim. E escrevi-as justamente para isso – para que não viesse nenhum Cervantes dizer a meu respeito coisas tortas ou arranjadas. Faça o mesmo, Senhor Quixote – e se quer, eu o ensinarei como se escrevem memórias. Eu e o Visconde temos grande prática.

Dom Quixote, que não sabia quem era o Visconde, fez cara de ponto de interrogação.

– Pois é o nosso "sabinho" – explicou Emília. – Vou apresentá-lo. E gritou para dentro:

– Visconde, cresca e apareça!

O visconde apareceu e foi mostrado a Dom Quixote, o qual, a despeito de haver passado a vida inteira às voltas com prodígios, não quis acreditar que o sabuguinho de cartola fosse realmente um Visconde. Mas guardou consigo a desconfiança. Era um homem educadíssimo.

Nesse momento tia Nastácia entrou com a bandeja

de café com mistura – bolinhos, torradas, pipocas. Dom Quixote tomou três xícaras de café, comeu doze bolinhos, seis torradas e uma peneirada de pipocas. Estava verdadeiramente faminto, o coitado. Aquilo fez-lhe bem, porque logo em seguida cruzou as pernas, abriu os braços e, com as mãos seguras nos punhos da rede, disse, correndo os olhos pela varanda:

– Não há dúvida, não há dúvida! A vidinha aqui é boa...

Por fim, os seus olhos se foram fechando, sua cabeça pendeu para a frente, e um sorriso começou a aparecer-lhe nos lábios.

– Está dormindo e sonhando com a Dulcineia – murmurou Emília, de dedinho na boca em sinal de silêncio.[61]

No livro *Os doze trabalhos de Hércules*, também podemos ver Emília lembrando-se de Quixote. Quando a boneca encontrou Hércules, propôs que Visconde fosse o escudeiro do herói, assim como Sancho Pança. Hércules não sabia quem era Dom Quixote e pediu esclarecimentos sobre ele:

– Ah, senhor Hércules, nem queira saber! Dom Quixote é um famoso cavaleiro andante dos séculos futuros, um tremendíssimo herói da Espanha – mas com uma diferença: em vez de vencer nas aventuras como os heróis daqui ele sai sempre apanhando, com as costelas quebradas, mais moído de pau no lombo do que massa de pão bem amassada – e foi por aí além.

– Mas se é assim – disse Hércules – porque lhe chamam herói? Herói aqui na Grécia não apanha, dá sempre...

– É que ele é herói moderno. No nosso mundo moderno tudo é diferente.[62]

---

61   Idem, ibidem, p. 36

62   Idem. *Os doze trabalhos de Hércules*, 1º Tomo, p. 30.

Na última consideração que Emília faz sobre Quixote na obra de Lobato, ela o chama de herói e justifica que, no mundo moderno, tudo é diferente: não é só a vitória que faz o herói. A boneca Emília, que sempre prega a esperteza, a astúcia e por vezes até o egoísmo, termina a obra considerando herói um homem que luta por justiça, mesmo apanhando muito e sendo ridicularizado por seus compatriotas. Depois de querer ser Dona Quixotinha, nos parece que Emília começa a repensar os seus valores. Se nas obras iniciais ela declarou muitas vezes que gostaria de casar com um pirata para morar em um navio, vemos nas obras finais uma Emília sonhando em ser princesa, possuir um castelo e hospedar Dom Quixote, um "suco dos sucos". Aquela Emília que chamava tia Nastácia de "pretura", "negra beiçuda", de repente escreve um livro de memórias e declara seu amor à negra que a costurou com suas próprias mãos.

Tudo indica que encontramos, juntos, a resposta: a leitura *de O engenhoso fidalgo Dom Quixote de la Mancha*, de Miguel de Cervantes, mexeu mesmo com a cabeça dessa bonequinha, que pode, a partir de agora, ser considerada uma *leitora-agente*, por ter permitido que a emoção do texto de Cervantes operasse mudanças em sua vida, do retrós aos crocotós.

Conclusão

Na introdução deste trabalho, apresentamos nossa proposta de pesquisa, uma análise de como Emília desempenha a função de leitora na obra infantil de Monteiro Lobato, mais precisamente, durante a leitura do livro *Dom Quixote das Crianças*, publicado por Lobato em 1936, obra escolhida dentre o conjunto como nosso objeto de estudo mais próximo.

Analisamos a história pessoal de Monteiro Lobato leitor desde os primeiros anos da infância. Depois, seguindo as informações deixadas em cartas pelo próprio Lobato, traçamos um rápido perfil de suas impressões sobre as leituras da juventude. Quando se tornou jornalista, Lobato passou da leitura à escritura, passando a guiar sua pena sempre preocupado com a funcionalidade e com a utilidade de seus textos para a formação de mentalidades.

Como editor, Lobato perseguiu ainda com mais afinco o ideal de fazer do Brasil um país de leitores, mas atingiu o auge de qualidade nesse projeto quando decidiu dedicar-se à literatura infantil. Analisamos o que Lobato trouxe de novo para o mercado dos livros infantis do Brasil e tratamos da situação do livro infantil no Brasil nos primeiros anos do século XX. Assim, esboçamos um perfil do Lobato-leitor: um alicerce para a construção de suas personagens leitoras.

Analisamos o Sítio como um local de práticas de leitura eficientes. Vimos que Dona Benta é uma contadora de histórias experiente, com o poder de influenciar a todos com seu modo de ler e viver. Apresentamos uma nova classificação da obra infantil de Monteiro Lobato em quatro categorias: Leitura para um exercício crítico; Leitura que provoca ação; Fantasia e aventura e Prática de escrita.

Descrevemos o lugar dos livros na casa de Dona Benta: como chegam, onde são comprados, como são lidos e como são vivenciados em grupo. Sobre a experiência de leitura individual, analisamos a boneca Emília e constatamos que ela representa de fato um modelo de *leitora-agente* que realiza uma *leitura-ação*. Emília realmente sofre influência dos textos lidos, principalmente durante a leitura de *Dom Quixote de la Mancha*. Incialmente, Emília enlouquece sem propósito, simplesmente por envolver-se demais com a história do cavaleiro da triste figura. Nos livros posteriores ao *Dom Quixote,* Emília volta a falar do seu herói preferido, chama-o de "suco dos sucos" e acha-o "magramente belo".

Concluímos que, com a leitura de *Dom Quixote de la Mancha*, a boneca Emília pode ser considerada uma *leitora-agente*, praticante de uma *leitura-ação*. A boneca preocupa-se com a capa do livro, os ilustradores, os tradutores, os autores, o tamanho, o peso e com todos os elementos que remetam à materialidade do livro antes da experiência do texto estético. Ao virar Dona Quixotinha, Emília nos diz que reescreveu o texto de Dom Quixote, ou seja, adaptou sua maneira de viver aos novos ensinamentos aprendidos com o herói da Mancha.

O que Lobato nos ensina, depois dos encontros que vivemos nas páginas de cada livro lido, o que temos que fazer é permitir que a experiência do texto adentre os nossos horizontes de expectativa, operem mudanças, grandes ou pequenas, para que sempre possamos ser *leitores-agentes*, mudando sempre, para melhor, o mundo que nos cerca. Só a leitura tem tamanho poder modificador.

Bibliografia - Livros de Monteiro Lobato

Obra Infantil:

LOBATO, Monteiro. *Caçadas de Pedrinho e Hans Staden*. 16ª ed. São Paulo: Brasiliense, 1969.

_____. *A Chave do Tamanho*. 15ª ed. São Paulo: Brasiliense, 1969.

_____. *D. Quixote das Crianças*. 16ª ed. São Paulo: Brasiliense, 1969.

_____. *Os Doze trabalhos de Hércules* – tomo 1. 17ª ed. São Paulo: Brasiliense, 1969.

_____. *Os Doze trabalhos de Hércules* – tomo 2. 17ª ed. São Paulo: Brasiliense, 1969.

_____. *Emília no País da Gramática e Aritmética da Emíllia*. 16ª ed. São Paulo: Brasiliense, 1969.

_____. *Fábulas e Histórias Diversas*. 17ª ed. São Paulo: Brasiliense, 1969.

_____. *Geografia de Dona Benta*. 18ª ed. São Paulo: Brasiliense, 1969.

_____. *Histórias da Tia Nastácia*. 15ª ed. São Paulo: Brasiliense, 1969.

_____. *História do mundo para as Crianças*. 16ª ed. São Paulo: Brasiliense, 1969.

_____. *Memórias da Emília e Peter Pan*. 16ª ed. São Paulo: Brasiliense, 1969.

_____. *O Minotauro*. 18ª ed. São Paulo: Brasiliense, 1969.

_____. *O Pica-pau Amarelo e a Reforma da Natureza*. 16ª ed. São Paulo: Brasiliense, 1969.

_____. *O poço do Visconde*. 15ª ed. São Paulo: Brasiliense, 1969.

_____. *Reinações de Narizinho*. 18ª ed. São Paulo: Brasiliense, 1969.

_____. *Serões de Dona Benta e História das Invenções*. 15ª ed.São Paulo: Brasiliense, 1969.

_____. *Viagem ao Céu e O Saci*. 15ª ed. São Paulo: Brasiliense, 1969.

Obra adulta:

LOBATO, Monteiro. *A Barca de Gleyre.* 12ª ed. São Paulo: Brasiliense, 1968. v. 1.

_____.*A Barca de Gleyre.* 12ª. ed. São Paulo: Brasiliense, 1968. v. 2.

_____.*América.* 12ª ed. São Paulo: Brasiliense, 1964.

_____.*Cartas Escolhidas.* 1ª ed. São Paulo: Brasiliense, 1959. 1º tomo.

_____.*Cartas Escolhidas.* 1ª ed. São Paulo: Brasiliense, 1959. 2º tomo.

_____.*Cidades Mortas.* 18ª ed. São Paulo: Brasiliense, 1968.

_____.*Críticas e outras notas.* 12ª ed. São Paulo: Brasiliense, 1969.

_____. *Conferências, artigos e crônicas.* 3ª ed. São Paulo: Brasiliense, 1968.

_____. *O Escândalo do Petróleo e do Ferro.* 10ª ed. São Paulo: Brasiliense, 1968.

_____.*Ideias de Jeca Tatu.* 12ª ed. São Paulo: Brasiliense, 1967.

_____.*Literatura do Minarete.* 5ª ed. São Paulo: Brasiliense, 1969.

_____.*Mr. Slang e o Brasil e Problema Vital.* 12ª ed. São Paulo: Brasiliense, 1968.

_____. *Mundo da Lua e Miscelânea.* 13ª ed. São Paulo: Brasiliense, 1968.

_____.*Na Antevéspera.* 12ª ed. São Paulo: Brasiliense, 1968.

_____.*Negrinha.* 15ª ed. São Paulo: Brasiliense, 1972

_____.*Prefácios e entrevistas.* 12ª ed. São Paulo: Brasiliense, 1969.

_____.*Urupês.* 37ª ed. São Paulo: Brasiliense, 1994.

Bibliografia geral

ARISTÓTELES. *Arte retórica e arte poética*. Tradução de Antônio Pinto de Carvalho. Rio de Janeiro: Ediouro, 1980.

AZEVEDO, Carmen Lucia de; CAMARGO, Marcia; SACCHETTA, Vladimir. *Monteiro Lobato: furacão na Botocúndia*. São Paulo: SENAC, 1997.

BACHELARD, Gaston. *A poética do devaneio*. Tradução de Antonio de Pádua Danesi. São Paulo: Martins Fontes, 1998.

BAKHTIN, Mikhail. *Questões de literatura e de estética*. Tradução de Aurora Fornoni Bernardini et alli. 2ª ed. São Paulo: Hucitec, 1990.

BARTHES, Roland. *O grau zero da escritura*. Tradução de Mario Laranjeira São Paulo: Cultrix, 1986.

_____. *O rumor da língua*. Tradução de Mario Laranjeira. São Paulo: Editora Brasiliense, 1978.

BELO, André. *História & livro e leitura*. Belo Horizonte: Autêntica, 2002.

BENJAMIM, Walter. *Reflexões: a criança, o brinquedo e a educação*. Tradução de Marcus Vinícius Mazzari. São Paulo: Summus, 1984.

BRAIT, Beth . *A personagem*. São Paulo: Editora Ática, 1990.

BRASIL, Padre Sales. *A literatura infantil de Monteiro Lobato ou comunismo para crianças*. Bahia: Aguiar & Souza, 1957.

BROUGÈRE, Gilles. *Brinquedo e cultura*. Tradução de Gisela Wajskop. São Paulo: Cortez Editora, 1995.

BORGES-DUARTE, Irene. (Org.). *Texto, leitura e escrita. Antologia*. Porto: Porto Editora, 2000.

CABRAL, Isaura; RAMOS, Flávia Broccheto. *Dom Quixote das crian-

ças: uma análise comparativa do clássico e da adaptação lobatiana. Espéculo. Revista de Estudos Literários. n. 25 Universidade Complutense de Madrid, 2003. Disponível em www.ucm.es/info/numero25/quixocri.html. Acesso em: 27 jan. 2004.

CAMPOS, André Luiz Vieira de. *A república do pica-pau amarelo*. São Paulo: Martins Fontes, 1986.

CANDIDO, Antonio. *Formação da literatura brasileira. Momentos decisivos*. 6ª. ed. Belo Horizonte: Editora Itatiaia, 2000. v 1 e 2.

_____; ROSENFELD, Anatol. PRADO, Décio de Almeida. *A personagem de ficção*. 6. ed. São Paulo: Perspectiva, 1991.

CAVALHEIRO, Edgard. *Monteiro Lobato: vida e obra*. São Paulo: Nacional, 1955.

CERVANTES SAAVEDRA, Miguel de. *O engenhoso fidalgo Dom Quixote de la Mancha*. Tradução e notas de Eugênio Amado. Ilustrações de Gustavo Doré. 3. ed. Belo Horizonte: Villa Rica, 1991. v. 1 e 2.

CHARTIER, Roger. *Cultura escrita, literatura e história*. Tradução de Ernani Rosa. Porto Alegre: Artmed Editora, 2001.

CHARTIER, Roger. (Org.). *Práticas da leitura*. Tradução de Cristiane Nascimento. São Paulo: Estação Liberdade, 2001.

CHEVALIER, Jean; GHEERBRANT, Alain. *Dicionário de símbolos*. Tradução de Vera da Costa e Silva. Rio de Janeiro: José Olympio Editora, 1989.

COELHO, Nelly Novaes. *Dicionário crítico da literatura infantil e juvenil brasileira: Séculos XIX e XX*. 4ª ed. rev. e ampl. São Paulo: Editora da Universidade de São Paulo, 1995.

_____. *Panorama histórico da literatura infantil juvenil*. 4ª ed. rev. São Paulo: Editora Ática, 1991.

_____. *Literatura infantil: teoria, análise, didática*. São Paulo: Editora Moderna, 2002.

COMPAGON, Antoine. *O demônio da teoria – literatura e senso comum*. Tradução de Cleonice Paes Barreto Mourão e Consuelo Fortes Santiago. Belo Horizonte: UFMG, 1999.

COUTINHO, Afrânio. (Org.). *A literatura no Brasil*. ed. rev. e ampl. Rio de Janeiro: J.Olympio, 1986. v. VII.

DEBUS, Eliane. *O leitor, esse conhecido. Monteiro Lobato e a formação de leitores*. Tese de doutorado. Pontifícia Universidade Católica do Rio Grande do Sul, 2001.

DÍDIMO, Horácio. *Ficções Lobatianas. Dona Aranha e as seis aranhi-*

nhas no Sítio do Pica-pau Amarelo. Fortaleza: EUFC, 1996.

ECO, Umberto. *Lector in fabula. A cooperação interpretativa nos textos narrativos.* Tradução de Atilio Cancian. 2. ed. São Paulo: Perspectiva, 2004.

_____. *Seis passeios pelos bosques da ficção.* Tradução de Hildergard Feist. São Paulo: Companhia das Letras, 1994.

_____. *Os limites da interpretação.* Tradução de Pérola de Carvalho. São Paulo: Perspectiva, 1995.

FREIRE, Paulo. *A importância do ato de ler.* São Paulo: Cortez, 2001.

FREITAG, Barbara. *Literatura e educação.* Rio de Janeiro: Tempo Brasileiro, 1993.

GOMES, Angela de Castro. (Org.). *Escrita de si, escrita da História.* Rio de Janeiro: Editora FGV, 2004.

GOMES, Paulo Emílio. *A personagem de ficção* São Paulo: Editora Perspectiva, 1981.

HÉRBRARD, Jean; CHARTIER, Anne-Marie. *Discursos sobre a leitura. 1880-1980.* Tradução de Osvaldo Biato e Sergio Bath. São Paulo: Editora Ática, 1995.

HORÁCIO. Arte Poética. In: *Crítica e teoria literária na Antiguidade.* Tradução de David Jardim Júnior. São Paulo: Ediouro, 1986. p. 61.

JAUSS, Hans Robert. *A estética da recepção: colocações gerais.* In: LIMA, Luiz Costa. (Org.). *A literatura e o leitor.* Tradução de Luiz Costa Lima. Rio de Janeiro: Paz e Terra, 1979.

_____. *A história da literatura como provocação à teoria literária.* Tradução de Sérgio Tellaroli. São Paulo: Ática, 1994.

_____. *O prazer estético e as experiências fundamentais da poiesis, aisthesis e katharsis.* In: LIMA, Luiz Costa. (Org.). *A literatura e o leitor.* Tradução de Luiz Costa Lima. Rio de Janeiro: Paz e Terra, 1979.

LAJOLO, Marisa. *Monteiro Lobato: um brasileiro sob medida.* São Paulo: Moderna, 2000.

_____. *Do mundo da leitura para a leitura do mundo.* São Paulo: Editora Ática, 1997.

_____. "Emília, a boneca atrevida". In: *Personae. Grandes Personagens da literatura brasileira.* São Paulo: Editora Senac, 2001.

_____; ZILBERMAN, Regina. *A leitura rarefeita. Leitura e Livro no Brasil.* São Paulo: Editora Ática, 2002.

LIMA, Luiz Costa. (Org.). *A literatura e o leitor.* Rio de Janeiro: Paz e Terra, 1979.

LISPECTOR, Clarice. *Felicidade clandestina*. Rio de Janeiro: Rocco, 1998.

LONGINO. Sobre o sublime. In: *Crítica e Teoria Literária na Antiguidade*. Tradução de David Jardim Júnior. São Paulo: Ediouro, 1986.

LOPES, Eliane Maria Teixeira et al. *Lendo e escrevendo Lobato*. Belo Horizonte: Autêntica, 1999.

MACHADO, Ana Maria. *Texturas: sobre leituras e escritos*. Rio de Janeiro: Nova Fronteira, 2001.

MANGUEL, Alberto. *Uma história da leitura*. Tradução de Pedro Maia Soares. São Paulo: Cia das Letras, 1997.

MARTINEZ, Paulo. *Monteiro Lobato*. São Paulo: Ícone, 2000.

MORIN, Edgar. *Educação e complexidade. Os sete saberes e outros ensaios*. Tradução de Catarina Eleonora F. da Silva e Jeanne Sawaya. São Paulo: Cortez, 2002.

_____ . *Os sete saberes necessários à educação do futuro*. Tradução de Catarina Eleonora F. da Silva e Jeanne Sawaya. São Paulo: Cortez Editora/Unesco, 2001.

NUNES, Cassiano. (Org.). *Monteiro Lobato vivo*. Rio de Janeiro: MPM Propaganda/Record, 1986.

NUNES, Cassiano. *Monteiro Lobato: o editor do Brasil*. Rio de Janeiro: Contraponto, 2000.

PALLOTA, M.G.P. Criando através da atualização: fábulas de Monteiro Lobato. In: LONTRA, H. O. H. (Org.). *Leitura e Literatura Infantil. A questão do ser, do fazer, do sentir*. Brasília: FINATEC, Oficina Editorial do Instituto de Letras da UnB, 2000.

PENTEADO, J. Roberto Whitaker. *Os filhos de Lobato: o imaginário infantil na ideologia do adulto*. Rio de Janeiro: Qualitymark/Dunya, 1997.

PRIORE, Mary Del. (Org.). *História das crianças no Brasil*. São Paulo: Contexto, 2001.

PROUST, Marcel. *Sobre a leitura*. Tradução de Carlos Vogt. Campinas: Pontes, 2001.

RAMOS, Flávia Brochetto; CABRAL, Izaura. *Dom Quixote das crianças: uma análise comparativa do clássico e da adaptação lobatiana*. Espéculo. Revista de estudios literarios.

Universidad Complutense de Madrid. Número 25. 2003. Disponível em: http://www.ucm.es/info/especulo/numero25/quixocri.html Acesso em: 27 jan. 2004.

SANDRONI, Luciana. *Minhas memórias de Lobato, contadas por Emília, Marquesa de Rabicó e pelo Visconde de Sabugosa*. Ilust. Laerte. São Paulo: Companhia das Letrinhas, 1997.

SANDRONI, Laura. *De Lobato a Bojunga: as reinações renovadas*. Rio de Janeiro: Agir, 1987.

SANTOS, Laymert Garcia. *Ler com os ouvidos*. Boletim Bibliográfico. Biblioteca Mário de Andrade. v.44 n (1/4). Jan a Dez 1983. Secretaria Municipal de Cultura. Cidade de São Paulo. Departamento de Bibliotecas Públicas.

SARTRE, Jean-Paul. *Que é a literatura?*. Tradução de Carlos Felipe Moisés. São Paulo: Editora Ática, 1999.

SEGOLIN, Fernando. *Personagem e anti-personagem*. São Paulo: Cortez & Moraes LTDA, 1978.

SERRA, Elisabeth D'Angelo Serra. (Org.). *Ética, estética e afeto na literatura para crianças e jovens*. São Paulo: Global, 2001.

SHAKESPEARE, William. *A tempestade*. Tradução de F. Carlos de Almeida Cunha Medeiros e Oscar Mendes. Rio de Janeiro: Editora Nova Aguilar, 1998.

TODOROV, Tzvetan. *As estruturas narrativas*. Trad: Leyla Perrone-Moisés. São Paulo: Perspectiva, 1979.

ZILBERMAN, Regina. *Estética da recepção e história da literatura*. São Paulo: Editora Ática, 1989.

_____. *Literatura infantil na escola*. São Paulo: Global, 1994.

_____. *Formação da leitura no Brasil*. São Paulo: Editora Ática, 1999.

_____. *Um Brasil para crianças: para conhecer a literatura infantil brasileira: história, autores e textos*. São Paulo: Global, 1986.

Agradecimentos

Odalice de Castro Silva, Fernanda Maria Abreu Coutinho, Marisa Philbert Lajolo, Horácio Dídimo, Jefferson Cândido, José Marcos de Castro Martins, Beatriz Acioli Martins, Carlos Eduardo Oliveira Bezerra, Miguel Leocádio, Jorge Pieiro, Sânzio de Azevedo, Vera Moraes, Elvira Drummnd, Ana Maria Machado, Eliane Debus, Albanisa Dummar, Telma Regina Beserra de Moura, João Miguel Diógenes Lima e Peter O'Sagae.

A autora

Socorro Acioli nasceu em Fortaleza, em 1975. É jornalista e doutoranda em Estudos de Literatura pela Universidade Federal Fluminense, no Rio de Janeiro. Estuda roteiro de cinema e foi aluna de Gabriel García Márquez e Guillermo Arriaga. Por seus livros infantojuvenis já recebeu o selo Altamente Recomendável da Fundação Nacional do Livro Infantil e Juvenil e o prêmio de Melhor Obra Infantil do governo do estado do Ceará.